LA FABLE
DES
ABEILLES,
OU
LES FRIPONS
DEVENUS
HONNETES GENS.

AVEC
LE COMMENTAIRE,
Où l'on prouve que les Vices des Particuliers tendent à l'avantage du Public.

TRADUIT DE L'ANGLOIS
Sur la Sixième Edition.

TOME SECOND.

A LONDRES.
AUX DÉPENS DE LA COMPAGNIE.
MDCCXL.

RECHERCHES
SUR
L'ORIGINE
DE LA
VERTU MORALE.

Tous les Animaux qui n'ont point reçu d'éducation, uniquement attentifs à se procurer des plaisirs, suivent naturellement la pente de leurs inclinations, sans s'embarrasser si ce qui les accommode fait du bien ou du mal aux autres. De-là vient que dans l'état de Nature, les Créatures qui raisonnent le moins, & qui ont le moins de désirs, sont les plus propres à vivre paisiblement ensemble. Il sembleroit donc que naturellement il n'y auroit point de Créature qui fût moins capable de vivre long-tems en société que l'Homme. Cependant les qualités bonnes ou mauvaises sont de telle nature, qu'il est le seul Etre

Tome II. A que

que l'on puisse jamais civiliser. Mais il faut pour cela le gêner par un certain Gouvernement, & le régler par des Loix. On peut encore, il est vrai, le dompter par un pouvoir supérieur. Mais il s'aime trop, il a trop de fierté, il est trop rempli de ruses, pour être rendu traitable, & pour être perfectionné autant qu'il peut l'être par la force seule. Pour en venir à bout, il faut le prendre par son foible.

C'est ce qui engagea les Législateurs, & en général tous les sages Fondateurs des Sociétés, à s'attacher principalement à persuader ceux qu'ils avoient à gouverner, qu'il étoit plus avantageux à chacun d'eux de dompter leurs appétits que de les satisfaire. Ils se sont efforcés de leur montrer qu'il convenoit mieux d'avoir égard à l'Intérêt Public, que de se borner à celui qui leur paroissoit être leur intérêt particulier. La chose n'étoit pas facile à persuader. Aussi, tous les Beaux Esprits, tous les Philosophes, tous les Orateurs réunirent-ils leurs puissans efforts pour inspirer au Genre Humain des sentimens si utiles. Ils emploïèrent tous les argumens imaginables pour en convaincre leurs Peuples.

Je ne déciderai point s'ils ont été effectivement convaincus ; mais il est certain qu'il n'étoit pas possible de les déterminer à desaprouver leurs inclinations naturelles, & à préférer le bien d'Autrui
au

au leur propre, si on ne leur avoit offert un épuivalent pour le sacrifice qu'on exigeoit d'eux, & un dédommagement qui servît de récompense à la violence qu'ils devoient nécessairement se faire pour agir ainsi.

Ceux qui entreprirent de civiliser les Hommes, ne l'ignoroient point. Mais bientôt ils s'apperçurent qu'ils ne pouvoient pas suffire à donner une si grande quantité de récompenses réelles, pour dédommager les Hommes dans chaque action particulière faite pour le Bien Public. Ils furent donc obligés d'imaginer une récompense générale, qui, dans toutes les occasions, servît comme d'équivalent aux efforts pénibles que les Hommes feroient pour renoncer à eux-mêmes. Récompense, qui, sans rien couter aux Législateurs, ni aux autres, fût cependant un agréable dédommagement pour ceux qui la recevroient.

Instruits à fond de la force & de la foiblesse de notre nature, ces Hommes sages remarquant qu'il n'y avoit personne d'assez sauvage pour n'être point enchanté des *louanges*, ni personne dont le cœur fût assez bas pour souffrir patiemment le mépris, ils ont conclu que la *Flatterie* étoit le plus puissant motif qu'on pût présenter à la Créature Humaine.

Pour faire donc usage de cette charmante ruse, ils ont commencé par exalter

ter l'excellence de notre nature par-deſſus celle des autres Animaux. Les merveilles de notre ſagacité, la vaſte étendue de notre entendement, tels furent d'abord les objets de leurs louanges exceſſives. Cette faculté de notre ame qu'on nomme la *Raiſon*, faculté qui nous met en état d'exécuter les plus nobles actions, mérita de même mille éloges pompeux.

C'eſt par l'artificieux moïen de la Flatterie, qu'ils s'inſinuèrent d'abord agréablement dans le cœur des Humains. Dèslors ils commencèrent à les inſtruire des Notions de l'Honneur & de la Honte. Le prémier fut repréſenté, comme le plus grand de tous les Biens auxquels les Mortels pûſſent aſpirer ; celle-ci, comme le plus grand des Maux qu'ils eûſſent à craindre. Après cela ils leur mirent devant les yeux, combien il ſeroit peu convenable à la dignité de Créatures auſſi ſublimes, de ſatisfaire ces appétits qui leur ſont communs avec les Brutes, tandis qu'ils négligeroient ces éminentes qualités qui les diſtinguent ſi glorieuſement de tous les Etres viſibles.

Ces Légiſlateurs avouèrent que ces mouvemens de la Nature qu'ils condamnoient, étoient effectivement très-vifs ; qu'il falloit beaucoup de peine pour y réſiſter, & beaucoup plus encore pour les vaincre. Mais ils ſe ſont tous adroitement ſervi de cet aveu, comme d'un motif à faire voir que d'un côté la victoire ſeroit plus glorieuſe,

rieuſe, & que de l'autre l'eſclavage ſeroit plus infamant.

Pour donner encore plus d'émulation aux Hommes, ils en diviſèrent l'eſpèce en deux Claſſes très-différentes. L'une eſt compoſée de Gens abjects, qui ont le cœur rampant. Ceux-ci courant toujours après la jouïſſance actuelle, ne ſont point capables d'un glorieux *renoncement à eux-mêmes*. Incapables de faire attention au bien d'Autrui, leurs vues les plus relevées ſe bornent à leurs propres avantages. Vils eſclaves de la Volupté, ils s'abandonnent à leurs déſirs groſſiers, & ne font uſage de leurs facultés intelligentes, que pour ſatisfaire leurs appétits ſenſuels. Ces Hommes mépriſables, dit-on, ſont la partie la plus infame de leur eſpèce, ils ne différent des Brutes que par leur figure humaine.

L'autre Claſſe renferme ces Créatures nobles qui ont les ſentimens élevés. Libres d'un intérêt ſordide, ils eſtiment les perfections de leur eſprit, comme ce qu'ils poſſèdent de plus ſublime. Connoiſſant la juſte valeur de ce dont ils jouïſſent, ils ne trouvent du plaiſir qu'à orner cette partie diſtinguée, dans laquelle conſiſte leur excellence. Pleins d'un juſte mépris pour ce qu'ils ont de commun avec les Bêtes deſtituées de Raiſon, ils oppoſent toujours l'idée qu'ils ont de leur prééminence à la violence de leurs inclinations. Ils ſe font une guerre continuelle à eux-

mêmes,

mêmes, pour procurer la paix aux autres. Remplis d'une noble ambition, ils ne cherchent pas avec moins d'empreſſement le Bien Public, que l'aſſujettiſſement de leurs paſſions. *Ils ſavent qu'il y a plus de grandeur & de courage à ſubjuguer ſes paſſions, qu'à emporter d'aſſaut les Places les plus fortes* †. Ces derniers ont été appellés les vrais modèles de leur ſublime eſpèce. Ils ſurpaſſent beaucoup plus ceux de la première Claſſe, que ceux-ci ne ſont au-deſſus des Bêtes des Champs.

Les plus grandes, les plus excellentes des Créatures, dans leurs eſpèces, ſont celles qui ont le plus de PRESOMPTION. Je parle du-moins des Animaux qui ne ſont pas trop imparfaits, pour ignorer ce que c'eſt que Vanité. C'eſt ainſi que dans l'Homme, le plus parfait de tous, la préſomption eſt ſi inſéparable de ſon eſſence, que, quelque ſoin qu'il prenne de la cacher ou de la pallier, ſans elle il manqueroit de l'une des principales choſes qui doivent entrer dans la compoſition de ſa Nature. Les leçons & les remontrances des Politiques, dont j'ai parlé, accommodées avec tant d'art à la bonne opinion que l'Homme a de ſoi-même, ne purent donc que faire impreſſion ſur lui. Il ſe laiſſa entêter de ces brillantes maximes.

Ces

---

† Fortior eſt qui ſe, quàm qui fortiſſima Vincit mœnia.

Ces idées répandues ensuite peu à peu parmi la Multitude, ont dû non seulement être approuvées dans la spéculation par la plupart; mais elles ont engagé effectivement les plus fiers, les plus grands, les plus courageux, & les meilleurs d'entr'eux à s'exposer à mille inconvéniens, & à souffrir divers maux, afin d'avoir le plaisir de pouvoir se compter au nombre de ces Hommes distingués de la seconde Classe. Glorieux alors ils peuvent s'appliquer tous les éloges excellens qu'ils leur ont entendu donner. Ce fut ainsi que se formèrent les *Héros*, & ce qui les fit admirer des Personnes mêmes qui ne purent se résoudre à les imiter.

DE TOUT ce que nous avons dit je conclus prémièrement, que les Héros n'abandonneront jamais les belles notions qu'ils ont sur la dignité des Créatures Raisonnables. Ils se sont donné beaucoup de peine pour se rendre maîtres de quelques-uns de leurs appétits naturels, ils ont préféré le bien d'Autrui à leur avantage propre, il est donc naturel qu'ils entretiennent l'orgueil qui les flatte. Comme ils sont toujours à la tête du Gouvernement, ils soutiendront, de toutes leurs forces, l'estime due à ceux de la seconde Classe, qu'ils ont eux-mêmes imités; ils s'efforceront à soutenir la supériorité de ceux-ci sur le reste de l'espèce.

Je dis, en second lieu, que ceux qui n'auront pas eu assez de présomption, ou de courage pour s'exciter, & pour mortifier ce qu'ils avoient de plus cher, auront honte de leur état. Ils ont suivi les mouvemens sensuels de la Nature ; ils sentiront qu'ils sont du nombre de ces misérables de la prémière Classe, qu'on regarde généralement comme peu différens des Brutes ; ils le sentiront, mais ils ne pourront l'avouer sans confusion. A l'exemple des autres, ils cacheront donc leurs imperfections ; ils exalteront le *renoncement à soi-même*; ils paroîtront, autant que les autres, faire cas du Bien Public. Il est est fort probable que quelques-uns d'entr'eux admireront même chez les autres, ce qu'ils ne trouvent point chez eux. Convaincus, par leur propre expérience, de la force qu'il a fallu pour remporter une glorieuse victoire sur soi-même, ils ne pourront refuser leur admiration aux Vainqueurs. Les autres enfin, intimidés par la fermeté & par la valeur de ces Hommes illustres de la seconde Classe, seront portés à craindre la puissance de leurs Conducteurs. De tout cela on peut raisonnablement conclure que, quelles que soient leurs pensées sur les notions établies, personne n'ôsera contredire ouvertement ce dont on n'ôseroit pas même douter sans passer pour criminel.

Ce sont-là, ou du-moins ce peuvent avoir été les moïens dont on s'est servi pour civiliser les Hommes, & les rendre sociafociables. Il fuit de-là que les prémiers Rudimens de la *Morale*, inventés par d'habiles Politiques à deffein de rendre les Hommes dociles, de même qu'utiles les uns aux autres, fervirent principalement à favorifer l'AMBITION de certaines Gens, qui en tirèrent pour eux-mêmes le prémier bénéfice. Ils furent furtout deftinés à leur procurer l'avantage de gouverner un grand nombre de perfonnes avec plus de facilité & de fureté.

Ces Principes de Politique une fois établis, il étoit impoffible que l'Homme reftât long-tems fans être civilifé. Ceux-là même qui étoient uniquement occupés à fatisfaire leurs appétits, remarquèrent bientôt que leur conduite méprifée ne tournoit pas à leur avantage. Continuellement traverfés dans leurs deffeins par les autres perfonnes, ils ne purent que s'appercevoir qu'en fe gênant tant foit peu, ou qu'en apportant plus de circonfpection, ils s'épargneroient bien des chagrins, & quantité de malheurs, qui arrivent ordinairement à ceux qui recherchent la Volupté avec trop d'avidité.

Prémièrement, les Gens de ce caractère méprifable retirèrent, auffi bien que les autres, leur part du profit, des actions généreufes qui fe firent pour le bien de la Société; & par conféquent ils ne purent qu'en favoir bon gré à ceux qui en étoient les auteurs. En second lieu, ils remarquèrent que dans les occasions où ils s'attachoient le plus ardemment à chercher leur avantage, sans avoir égard à celui des autres, ils n'avoient point de plus grandes difficultés à combattre, que de la part de ceux qui leur ressembloient le plus.

Ils trouvèrent donc qu'il étoit de l'intérêt des plus Méchans, de recommander avec le plus de force, & de donner le plus de louanges à ceux qui travailloient au Bien Général, indépendamment de leur avantage propre ; puisque, sans se gêner le moins du monde, ils profitoient des travaux & des victoires des autres. Par conséquent ils ont dû s'accorder, avec le reste du Genre Humain, à donner le nom de VICE, *à toute action que l'Homme commettroit pour satisfaire quelques-uns de ses appétits, sans égard à l'Intérêt Public.* On a donné ce nom odieux à une action, dès-qu'on y observoit la moindre intention de faire du mal à quelqu'un ; ou même lorsqu'on voïoit qu'elle tendoit à rendre celui qui la faisoit, moins utile aux autres. On s'est de même accordé à donner le nom de VERTU *à toutes les actions qui étant contraires aux mouvemens de la Nature, tendroient à procurer des avantages au Prochain, & à vaincre toutes ses passions, si l'on en excepte l'Ambition raisonnable d'être bon.*

„ O N

,, On m'objectera, peut-être,
,, qu'il n'y eut jamais de Société qui ait
,, été policée, avant que la plus grande
,, partie des *Individus* y ait admis quel-
,, que culte d'un Etre puissant, Domina-
,, teur sur toutes choses. D'où l'on con-
,, clura que les Notions du BIEN & du
,, MAL MORAL, & la distinction que
,, l'on fait entre le VICE & la VERTU,
,, ne furent jamais l'ouvrage des Poli-
,, tiques, mais le pur effet de la Reli-
,, gion.

Avant que de répondre à cette Objection, je dois répéter, en faveur de ceux qui ne lisent pas les *Avant-propos*, ou les *Introductions*, ce que j'y ai dit, savoir, que dans ces *Recherches sur l'Origine de la Vertu Morale*, ,, je ne veux
,, parler ni des JUIFS, ni des CHRÉ-
,, TIENS, mais uniquement de l'Homme
,, dans l'état de la simple NATURE, &
,, d'ignorance du vrai DIEU.

Après cet avertissement, je dis que les Superstitions Idolâtres de toutes les Nations, & les Notions pitoïables qu'ils avoient sur la Nature Divine, étoient incapables de les porter à la VERTU. J'ôse affirmer qu'elles ne pouvoient servir tout au plus qu'à tenir en respect, & qu'à amuser le Vulgaire sot & grossier. Il conste cependant par l'Histoire, que dans les Etats où la Religion Populaire a été la plus ridicule, ou la moins sensée,

fée, la Nature Humaine n'a pas laissé de s'y developper à tous ces égards; & que même il n'y a ni Sagesse Mondaine, ni Vertu Morale, où les Hommes n'aïent, en différens tems, excellé dans les Monarchies & dans les Républiques qui se sont tant soit peu rendues célèbres par leurs Richesses ou par leur Pouvoir.

Les *Egyptiens*, peu contens d'avoir déïfié les Monstres les plus affreux, portèrent la bêtise jusqu'à rendre un honneur divin aux Oignons, que leurs mains avoient plantés. Cependant on vit leur païs devenir la plus fameuse Ecole de l'Univers pour les Arts & pour les Sciences. Jamais Nation, sans en excepter celles qui les ont suivi, ne pénétra plus avant dans les profonds mystères de la Nature.

Quel Etat, ou quel Roïaume sous le Ciel, a jamais produit de plus grands Modèles dans toutes sortes de Vertus Morales, que les Empires *Grecs* & *Romains*? Surtout combien de Personnages illustres ne nous a pas fourni celui-ci? Cependant, combien grande n'étoit pas l'absurdité & la folie de leurs sentimens sur des matières si sacrées? Je passe sous silence le nombre extravagant de leurs Dieux. Considérons seulement les Histoires & les Anecdotes infames qu'ils mettoient sur le compte de ces Objets de leur culte, &

nous

nous ferons obligés, après cet examen, de convenir que bien loin que leur Religion fût propre à apprendre aux Mortels le chemin de la VERTU, & à dompter leurs paffions, elle paroiffoit plutôt inventée pour fournir des excufes à ceux qui fe livroient à leurs appétits, & pour les encourager dans le VICE. Si donc nous voulons favoir ce qui leur donnoit cette force, ce courage, & cette magnanimité, vertus dans lefquelles ils ont excellé, ne jettons point les yeux fur leurs Autels. Portons plutôt nos regards fur ces diftinctions accordées à ceux qui brilloient par quelques-unes de ces qualités, & nous découvrirons les motifs qui les excitoient. Ici nos yeux font éblouïs par la pompe d'un Triomphe éclatant; là nous découvrons la magnificence des Monumens & des Arcs; les Trophées, les Statues, les Infcriptions fe préfentent par-tout à nos yeux. Ailleurs je découvre une variété infinie de Couronnes Militaires, & des Marques d'honneur différentes accordées aux Morts; les Places & les Tribunes retentiffent des éloges des Vivans. Ce font ces récompenfes imaginaires qui ont été la fource & l'origine de ces VERTUS. Une fage Politique favoit faire un ufage adroit de ces moïens efficaces, qui flattent l'orgueil des Hommes, & qui engagent le plus grand nombre à renoncer entièrement à eux-mêmes.

La

La Religion Païenne, & les Superstitions Idolâtres, n'avoient rien qui pût engager l'Homme à combattre ses désirs, & à vaincre ses plus doux panchans. C'étoit donc l'effet de la conduite habile des rusés Politiques. Plus nous examinerons de près la nature de l'Homme, plus nous nous convaincrons que les VERTUS MORALES *sont des productions politiques, que la Flatterie engendra de l'Orgueil.*

Il n'est point d'Homme, quelque esprit ou quelque lumière que vous lui donniez, qui soit entièrement à l'épreuve des enchantemens d'une flatterie adroite & bien ménagée. Les louanges personnelles & directes peuvent toucher des Enfans & des Sots; mais un Homme plus habile veut être traité avec plus de circonspection. Plus la flatterie est générale, moins elle est suspecte à ceux qui en sont les objets. Faites-vous l'éloge d'une Ville ? Tous ses Habitans vous écouteront avec plaisir. Chaque Savant en particulier croira vous avoir de l'obligation, si vous parlez avantageusement & avec révérence des Hommes de Lettres en général. Sans crainte vous pouvez louer l'emploi dont un Homme est revêtu, ou le païs qui lui a donné naissance ; parce que vous lui fournirez une occasion de cacher la joie que lui causent vos éloges, sous l'estime qu'il doit avoir pour

pour ſes Collègues ou pour ſes Compatriotes.

Il eſt bien des Gens ruſés, qui connoiſſant combien la flatterie a d'influence ſur l'amour-propre, ſavent ſe ſervir adroitement de cette connoiſſance. Ont-ils peur d'être trompés? Il leur eſt ordinaire de s'étendre, quoique contre leur conſcience, ſur l'honneur, l'intégrité, & la bonne foi de la famille, ſur le païs, ou quelquefois ſur la profeſſion de la perſonne qui leur eſt ſuſpecte. Ils ſavent que les Hommes changent ſouvent de réſolution, & agiſſent contre leurs inclinations, afin d'avoir le plaiſir de continuer à paſſer dans l'eſprit de quelques perſonnes pour ce qu'ils ne ſont pas. C'eſt ainſi que les habiles Moraliſtes font les Hommes ſemblables aux Anges, dans l'eſpérance que la vanité engagera quelques Ambitieux à imiter ces beaux Originaux, dont ils ſont les Copies.

Quand le Chevalier *Richard Steele*, cet Ecrivain incomparable, inſiſte, avec ſon ſtile aiſé, & ſon élégance ordinaire, ſur les éloges de la ſublime eſpèce des Humains; lorſqu'il relève l'excellence de la Nature Humaine avec tous les ornemens de la Rhétorique; il eſt impoſſible de n'être pas charmé de l'heureux tour de ſes penſées, & de la politeſſe de ſes expreſſions. Souvent ému par la force de ſon éloquence, prêt à me laiſſer ſéduire par

par son ingénieuse sophistiquerie, ce Panégiriste artificieux a excité en moi les idées les plus sérieuses. Je pensois à ces tours grossiers dont les Femmes se servent pour porter leurs Enfans à être polis. Une Fille encore mal adroite, avant que de savoir parler ou marcher, commence enfin grossièrement à faire une révérence, qu'on lui a plusieurs fois demandée. Sa Nourrice aussi-tôt lui donne mille fades louanges. *Que cette révérence est jolie !* s'écrie-t-elle. *Oh la charmante Fille ! Voilà assurément une aimable Demoiselle !* Elle s'adresse ensuite à la Mère. *Maman ! Cette jeune Demoiselle fait faire la révérence de meilleure grace que sa sœur Marion.* La même chose est répétée plus haut par les Servantes, tandis que *Maman* charmée, prenant l'enfant entre ses bras, le serre jusqu'à l'étouffer. *Marion* seule, plus âgée de quatre ans, qui sait ce que c'est qu'une belle révérence, s'étonne de la perversité de leur jugement. Saisie d'indignation, elle est prête à crier à l'injustice. On lui dit aussi-tôt tout bas à l'oreille qu'elle est une Fille faite, mais que ce qu'on en dit n'est que pour plaire à sa petite sœur. Elle s'enorgueillit de ce qu'on l'a mise dans le secret. Charmée de la supériorité de son génie, elle répète, avec complaisance & avec d'amples additions, ce qu'on lui a dit : elle insulte même à la foiblesse de sa sœur, qu'elle croit être

la

la feule dupe. Ces éloges extravagans feront appellés, par toute perfonne qui fera au-deffus de la capacité d'un enfant, des flatteries dégoutantes, & fi vous voulez d'abominables menfonges. Cependant l'expérience nous apprend qu'on engage, par ces louanges groffières, les jeunes Demoifelles à faire la révérence, & à fe comporter, plus promptement & avec moins de répugnance, comme des Filles déjà faites.

On agit de la même manière avec les Garçons. On tâchera de leur perfuader qu'un joli Monfieur fait tout ce qu'on exige de lui, & qu'il n'y a que les Gueux qui foient groffiers, ou qui faliffent leurs habits. Que dis-je ! Dès-que ce petit malpropre commence à porter à fon chapeau fa main mal apprife, fa Mère, pour l'engager à le tirer, lors même qu'il n'a pas deux ans, l'affure qu'il eft déjà un grand Garçon. Si dans la fuite, excité par ces louanges, il le tire régulièrement, auffitôt on lui dit qu'il eft un *Capitaine*, un *Lord-Maire* †, un Roi, ou même quelque chofe

---

† Lorfque le LORD-MAIRE, LORD-MAYOR, paroît en public, il eft accompagné d'un éclat très-propre à éblouïr les Enfans. Dans les occafions ordinaires, on le voit monté fur un Cheval fuperbement enharnaché. Il porte une longue robe d'écarlate ou de pourpre richement fourrée. Sur la tête il a une coeffe de velour noir, & autour du col une grande chaîne d'or où pend quelque pierre précieufe de prix.

chose de plus. C'est ainsi qu'on lui parle, jusqu'à ce qu'à force de louanges, on ait engagé cette petite Créature à représenter de son mieux un Homme fait, & à faire tous ses efforts pour paroître ce que sa petite cervelle lui persuade qu'il est.

Les plus grands Misérables s'estiment infiniment; & le plus grand souhait qu'un Ambitieux puisse former, c'est de voir que tout l'Univers témoigne avoir de lui les mêmes idées sur son compte, que celles qu'il en a. De sorte que le plus vain des Héros n'a jamais poussé l'amour pour la renommée, plus loin que de souhaiter de s'attirer l'estime & l'admiration des siècles futurs, de même que de celui où il vit. Ce que je dis, doit sans-doute mortifier les Admirateurs & les Imitateurs des *Alexandres* & des *Césars*. Cependant j'ôse soutenir que le désir d'être loué, a été la grande récompense que ces Génies supérieurs se sont proposé, ou se proposent, en sacrifiant avec tant de joie leur repos, leur santé, leurs plaisirs, & tout ce qui les concerne. L'espérance frivole des louanges a toujours déterminé les Grands Hommes à ces actions d'éclat que nous admirons. Qui peut s'empêcher

---

prix. Plusieurs Officiers le précèdent, & marchent à ses côtés. Mais jamais il n'est accompagné de plus de magnificence que le 29. Octobre V. S. jour auquel il prête serment de fidélité au Roi.

pêcher de rire, en penfant à tous ces Ecrivains célèbres, qui ont parlé fi férieufement de la grandeur d'ame, & de la noble fierté de ce *Macedonien* enragé, dans le cœur duquel, fuivant la penfée de *Lorenzo Gracian*, l'Univers entier étoit fi à l'aife, qu'il y reftoit affez de place pour loger fept autres Mondes †? Qui peut, dis-je, s'empêcher de rire, en comparant les belles chofes qu'on a dites à la louange du Grand *Alexandre*, avec la fin qu'il s'eft propofée dans fes vaftes exploits? Il a pris foin lui-même de nous en inftruire, lorfque la grande peine qu'il eut à paffer le fleuve *Hydafpes* *, l'obligea de s'écrier. *Oh vous* ATHENIENS! *pourriez-vous croire à quels dangers je m'expofe, pour mériter vos louanges?* On ne fauroit donc donner une plus grande idée de la Gloire, qui eft la récompenfe des Actions Héroïques, qu'en difant, que cette récompenfe imaginaire confifte dans *la fuprême félicité, dont l'amour-propre fait jouïr celui qui fe rendant le doux témoignage d'avoir fait une belle action, penfe aux applaudiffemens qu'il attend des autres Hommes.*

,, Mais

† Tout ce qui eft dit ici d'*Alexandre* eft copié du *Dictionnaire de Bayle*, à l'Article *Macedoine*. L'Efpagnol appelle le *cœur d'Alexandre*, un *archicœur, archicoracon*.

* Il y avoit deux Fleuves de ce nom, l'un que *Virgile* appelle *Medus Hydafpes*, qui baignoit les murs de *Suze*: & l'autre eft un Fleuve de l'*Inde*, c'eft celui dont il s'agit ici: ce fut le terme des conquêtes d'*Alexandre le Grand*.

„ Mais, *dira-t-on*, outre les fatigues brulan-
„ tes de la Guerre, & le fracas public d'un
„ Ambitieux, il y a des actions nobles &
„ généreuses faites dans le silence, dont
„ la vertu est assurément la seule récom-
„ pense. Ceux qui sont réellement bons,
„ sont tels parce qu'ils ont la douce satis-
„ faction de sentir dans leur conscience
„ qu'ils sont vertueux. Ce témoignage
„ secret & intérieur est toute la récom-
„ pense qu'ils attendent de leurs actions
„ les plus glorieuses. *On ajoutera qu*'il y
„ a eu, parmi les Païens, des Hommes
„ qui, après avoir fait du bien, loin d'en
„ exiger des remercimens, & de recher-
„ cher les applaudissemens, ont au con-
„ traire pris tous les soins imaginables
„ pour n'être jamais connus de ceux qu'ils
„ avoient comblé de bienfaits. *D'où l'on
„ conclura* que la Vanité n'a point porté
„ ces Grands Hommes au plus haut point
„ du *renoncement à soi-même*.

Je dis, pour répondre à cette Objection, qu'il est impossible de juger de l'action d'une Personne, à moins que d'être parfaitement au fait des principes & des motifs qui l'ont fait agir.

La Pitié, quoiqu'elle soit la plus belle & la moins dangereuse de nos passions, ne laisse pas d'être une foiblesse de notre nature, de même que la Colère, l'Orgueil, ou la Crainte. Les Esprits les plus foibles, sont les plus susceptibles de sentimens de pitié. C'est ainsi que personne n'est plus porté à la compassion que les Femmes & les Enfans. Il faut cependant avouer que de toutes nos foiblesses, la Pitié est la plus aimable, & qu'elle approche le plus de la Vertu. Que dis-je ! si cette passion n'étoit pas extrêmement commune, la Société pourroit à peine subsister. Mais comme c'est un mouvement de la Nature, qui ne consulte, ni l'Intérêt Public, ni notre Raison, elle peut produire le mal tout comme le bien. On s'en est servi pour attaquer l'honneur des Filles, & pour corrompre l'intégrité des Juges. Quiconque en suivant cette passion procure quelque bien à la Société, ne peut pas en tirer vanité ; puisqu'il a suivi une passion naturelle, qui, sans qu'il y ait pensé, est devenue utile au Public. Ainsi il n'y a point de mérite à retenir un pauvre Enfant que l'on voit prêt à tomber dans le feu. L'action n'est ni bonne, ni mauvaise ; & quelque avantage qu'il en revienne à cette innocente Créature, nous n'avons dessein en le secourant, que de nous satisfaire nous-mêmes. Si ce malheur lui étoit arrivé, sans que nous eussions tâché de le prévenir, cela auroit causé chez nous un mal-aise que l'amour-propre nous a fait éviter. Un Riche prodigue, porté par son tempéramment à la pitié, & à satisfaire toutes ses passions, n'a aucun mérite pour avoir secouru un Objet digne

digne de compassion, avec son bien qu'il envisage comme une bagatelle.

„ Si l'on insistoit, & que l'on dît qu'il
„ se trouve des Personnes, qui, sans con-
„ descendre à quelques-unes de leurs foi-
„ blesses, sans faire attention à ce qu'ils
„ vallent, peuvent, dans le silence, faire
„ une belle action, où il n'entre aucun
„ motif de vaine gloire ni de compas-
„ sion; le plaisir seul qu'ils trouvent à
„ faire du bien, les détermine à ces ac-
„ tions généreuses. " De telles Personnes, je l'avoue, ont acquis des notions de la Vertu plus sublimes & plus épurées, que ceux dont j'ai parlé jusques-ici. Ce qu'il y a de certain, c'est que ces grands Cœurs ne sont pas fort communs dans le Monde. On ne laisse pas même de découvrir toujours quelques symptômes de vanité chez eux. L'Homme le plus humble qu'il y ait au Monde, est obligé de reconnoître que la satisfaction intérieure, qui sert de récompense à l'action vertueuse, consiste dans un certain plaisir que cause la vue de son mérite personnel. Or & ce plaisir, & la cause qui le produit, sont des indices aussi certains d'orgueil, qu'un visage pâle, & que des genoux tremblans, le sont de la peur qui nous saisit à la vue de quelque danger.

PEUT-ÊTRE un Lecteur trop scrupuleux condamnera-t-il, à la première vue, les idées que je propose *sur l'Origine de la Vertu Morale*. Il croira qu'elles sont contrai-

‑traires au Christianisme. J'espère cependant qu'il reprimera ses censures, s'il fait attention que ces notions servent à relever la gloire de la Sagesse Eternelle. Rien en effet ne peut faire briller à nos yeux, avec plus d'éclat, la profondeur impénétrable de la Sagesse Divine, que la considération de cet Homme destiné par la Providence à vivre en Société. Cette Créature peut, non seulement être mise dans le chemin du Bonheur Temporel, par le moïen de ses foiblesses & de ses imperfections; mais encore elle peut recevoir, de la considération du défaut apparent des Causes Secondes, une teinture de cette connoissance que la vraie Religion doit perfectionner dans la suite pour son Bonheur Eternel.

ESSAI
SUR
LA CHARITÉ
ET LES
ECOLES DE CHARITÉ.

LA CHARITÉ est cette vertu qui nous engage à transporter sur les autres une partie de cet amour sincère, pur & sans mélange, que nous avons pour nous-mêmes. Mais il faut que ceux à qui nous accordons cette faveur, n'ayent avec nous aucune liaison ni d'amitié, ni de parenté ; ils doivent nous être absolument étrangers ; nous ne devons leur avoir aucune obligation antérieure ; il ne faut pas même que nous en attendions ou que nous en espérions rien.

Il n'est pas permis de retrancher quoi que

que ce soit de la rigueur de cette définition, autrement cette vertu perdra une partie de son mérite. Ce que nous faisons pour nos Amis & pour nos Parens, nous le faisons en partie pour nous-mêmes. Lorsqu'un Homme rendant quelque service à ses Neveux ou à ses Nièces dit, ce sont les Enfans de mon Frère, je m'emploie pour eux par charité, il vous trompe. On attend de son devoir qu'il leur rende les services dont il est capable, & il le remplit en bonne partie pour l'amour de soi-même. S'il fait quelque cas de l'estime du Public, s'il est tant soit peu délicat sur le point-d'honneur, & qu'il veuille ménager sa réputation, il doit absolument avoir plus de soin de ces Personnes, que si c'étoit des Etrangers. La crainte de faire tort à son caractère, oblige à protéger des gens qui nous sont si intimement liés.

Nous pouvons exercer cette vertu, & par l'idée que nous avons des autres, & par les choses que nous ferons pour eux.

Par rapport à l'idée que nous devons avoir de ceux envers qui nous exerçons notre charité, cette vertu nous oblige à interpréter leurs actions le plus favorablement qu'il est possible. Un Homme, par exemple, bâtit une maison: il ne donne, il est vrai, aucun signe d'humilité, il la meuble magnifiquement, il fait des dépenses considérables en vaisselle d'or & d'argent & en peintures : la charité nous défend de soupçonner qu'il fasse tout cela par vanité. Son but unique dans toutes ces dépenses, est d'encourager les Arts, de donner de l'occupation aux Artistes, de faire vivre le Pauvre, & de faire fleurir le Négoce & les Manufactures de la Nation. On voit de même une Personne qui dort à l'Eglise : nous devons croire, pourvu qu'elle ne ronfle pas, qu'elle ferme simplement les yeux, afin d'être plus attentive. Pourquoi cela ? Parce que nous avons besoin à notre tour qu'on appelle frugalité notre crasse avarice, & vraie dévotion notre hypocrisie.

Nous manifestons cette vertu en second lieu, en employant pour les autres, sans aucune espérance de retour, notre tems & notre peine, en nous servant de notre crédit en faveur de quelqu'un, qui naturellement ne devoit attendre cette protection, ni de notre amitié, ni de notre proximité de sang.

Enfin, la charité nous appelle à faire part, pendant que nous sommes en vie, des choses que nous estimons, aux Personnes indifférentes que j'ai déjà nommées plusieurs fois. Un Homme charitable aime mieux se priver de quelque chose, que de ne pas secourir librement, & sans y être contraint, les Personnes qui ont besoin de son secours.

On confond souvent cette vertu avec la PITIE' ou la COMPASSION, passion qui en a effectivement plusieurs marques. Elle
nous

nous oblige à prendre part aux malheurs des autres, & à nous affliger des calamités qui leur arrivent. Tous les Hommes sans exception sont susceptibles de ce sentiment, quoique dans différens degrés. Les Esprits foibles y sont les plus sujets.

Elle s'excite chez nous, lorsque les miseres & les souffrances des autres nous touchent si vivement, que nous en sommes mal à notre aise. Elle entre dans notre cœur, ou par les yeux, ou par les oreilles, ou par l'un & l'autre de ces sens en même tems : aussi remarque-t-on qu'elle est plus ou moins forte, suivant que l'Objet de compassion est plus près de nous, ou qu'il affecte seulement un de ces sens, ou qu'il les affecte tous les deux en même tems : le trouble que cause ce sentiment, est souvent capable de nous inquiéter, & de nous faire une vraie peine.

Supposons que quelqu'un de nous, enfermé dans une chambre basse, vît un Enfant bien nourri & de bonne humeur, âgé de deux ou trois ans, jouer dans la cour, & si près de nous que nous pourrions presque le toucher au travers des barreaux : pendant qu'occupé de cet innocent spectacle, nous nous amuserions à entendre le babil imparfait de cette pauvre Créature, s'il entroit une grosse & vilaine Truïe, qui vînt à cet Enfant, le fît crier, & le mît hors de lui-même. Ces cris ne

nous

nous mettroient-ils pas mal à notre aise ? Pourrions-nous nous empêcher de faire du bruit, & de menacer cet Animal pour le faire sortir ?

Mais supposons de plus que cette Truïe affamée fût entrée dans cette cour pour y trouver de la nourriture, & que rencontrant cette innocente Créature sans défense, elle se jettât dessus pour la dévorer malgré nos cris & nos gestes menaçans. Quels mouvemens ne s'élèveroient pas dans notre ame, saisie d'horreur à la vue de ces machoires destructives ouvertes, & de cet Infortuné en proie à la voracité de cet Animal ! Quelles inquiétudes affreuses ne ressentirions-nous pas en contemplant les membres délicats de cet Enfant foulés aux piés, mis en pièces & dévorés, sans que nous pûssions lui donner du secours ! Quels tourmens horribles n'éprouverions-nous pas en voyant le détestable groin de cette Truïe cruelle, fouïr dans les entrailles encore vivantes de cette pauvre Créature, & sucer son sang encore fumant, & en entendant le craquement des os, & le barbare Animal grogner à cet abominable festin avec un plaisir féroce ! Qui seroit capable de décrire tous les mouvemens d'horreur qui se succèderoient à une semblable vue ? Qu'on me présente la vertu la plus brillante que jamais les Moralistes ayent célébrée, qui ait paru telle, & à celui qui en étoit orné, & à ceux qui en étoient

les

les heureux témoins. Montrez-moi, par exemple, la Bravoure ou l'Amour de la Patrie, vertus qui paroissent avoir le plus d'éclat. Que la première soit autant qu'il vous plaîra séparée de la Vanité & de la Colère, & celle-ci de l'Amour de la Gloire & de l'Intérêt. Cependant ces vertus ne seront jamais si pures ni si distinctes, que cette pitié le seroit de toute autre passion. Est-il besoin de vertu, ou de renoncement à soi-même, pour être ému à la vue d'une scène aussi tragique ? Je le dis sans détour. Un Homme plein de sentimens d'humanité & de probité, aussi bien que le Voleur qui perce les maisons, ou le Meurtrier, éprouveroient tous également d'affreuses angoisses en pareille occasion. Quelque malheureuses que pûssent être les circonstances d'un Homme, il oublieroit dans ce moment tous ces malheurs, uniquement saisi du triste sort de l'infortuné Objet qui frappe ses yeux. La passion la plus violente cèderoit à cette pitié, & il n'est point de cœur si endurci, ni si occupé d'une autre passion, qui puisse s'empêcher de souffrir à une telle vue, mille fois plus touchante qu'on ne peut la décrire.

On s'étonnera peut-être de ce que j'ai dit que la Pitié entre par les *yeux* & par les *oreilles*. Mais on se convaincra de cette vérité, si l'on considère que plus l'Objet est proche, plus nous souffrons ; & que plus nous en sommes éloignés, moins nous

nous en sommes incommodés. La vue de Gens qu'on exécute pour crimes, ne nous émeut que peu si elle ne nous frappe que de loin : mais si nous sommes assez proche pour voir dans leurs yeux les mouvemens de leur ame, pour observer leurs craintes & leur agonie, & pour connoître par les traits de leur visage, les assauts que la mort leur livre, nous nous sentons agités.

Quand l'Objet est tout-à-fait hors de la portée de nos sens, le récit, ou la lecture de ce malheur ne peut jamais exciter chez nous cette passion qu'on nomme Pitié. Nous pouvons prendre quelque part à une fâcheuse nouvelle, à la perte & aux malheurs d'un Ami, ou de ceux dont nous avons embrassé le parti : mais c'est alors *Chagrin*, *Déplaisir*, & non pas *Pitié* : c'est la même passion que nous éprouvons à la mort de ceux que nous aimons, & que nous estimons.

Lorsque nous entendons dire que trois ou quatre mille Hommes avec qui nous n'avons aucune relation, ayant été mis en fuite sont péris par l'épée, ou que forcés près de quelque rivière ils s'y sont tous noyés, nous disons, & nous le croyons peut-être, que nous en avons pitié : mais nous nous trompons très-certainement.

L'Humanité nous ordonne d'avoir compassion des souffrances d'Autrui, & la Raison nous dit que les sentimens que nous devons

devons avoir des choses indépendamment des lieux, doivent être toujours les mêmes, soit qu'elles soient éloignées, ou qu'elles se fassent en notre présence. Enfin nous aurions honte d'avouer que nous n'éprouvons point de sentiment de pitié, lorsqu'une chose le demande. C'est être cruel, que de n'avoir pas un cœur tendre & des entrailles de compassion. Tous ces mouvemens, toutes ces réflexions sont une suite ou de la Raison, ou des Sentimens de l'Humanité : mais la Nature ne se déguise point. Si les Objets ne frappent point les organes, le corps n'en ressent point les impressions ; & quand les Hommes parlent d'avoir pitié de Gens qui ne frappent point leur vue, ils sont autant à croire, que quand ils nous assurent qu'ils sont nos *très-humbles Serviteurs*. Deux Personnes qui ne se sont pas vues de quelques jours, en se payant les civilités ordinaires, sont souvent fâchés ou joyeux cinq ou six fois dans l'espace de quelques minutes : cependant en se séparant, ils n'emportent aucun de ces mouvemens de chagrin ou de joie. Il en est de même de la pitié dont on veut parler. Sa vivacité ne dépend pas plus de notre choix, que la peur ou la colère. Ceux qui avec une imagination vive & forte peuvent se représenter les choses comme si elles étoient en leur présence, peuvent, il est vrai, produire chez eux quelques mouvemens qui ressemblent à

ceux

ceux de la pitié. Mais ces sentimens sont une simple imitation de la pitié, produite par l'art, & souvent par le secours d'un petit enthousiasme; le cœur s'en ressent peu, & ils sont aussi foibles que ceux que nous éprouvons à la représentation d'une Tragédie. Alors notre jugement laisse une partie de notre esprit dans l'ignorance; & pour satisfaire une disposition au badinage & à la paresse, il souffre qu'on le jette dans une erreur qui est nécessaire, pour que la représentation puisse exciter dans notre ame une passion dont les mouvemens ne sont point desagréables, quand l'ame est dans une disposition peu active.

Il nous arrive souvent dans les cas qui nous regardent, de prendre la pitié pour la charité: comme elle en prend la figure, souvent elle en emprunte le nom. Un Gueux vous prie d'exercer à son égard la *Charité* pour l'amour de JESUS-CHRIST: mais le grand but de cette oraison, est d'émouvoir votre *pitié*. Il présente pour cet effet à votre vue, le plus mauvais côté de ses indispositions corporelles; il vous fait, avec des mots choisis dans ce but, un abrégé de ses maux réels ou imaginaires; & tandis qu'il paroît occupé à prier Dieu qu'il veuille ouvrir votre cœur, il s'efforce à faire impression sur vos yeux. Le plus scélérat appelle la Religion à son secours, & accompagne son dévot jargon de gestes affectés,

fectés, souvent affreux. Mais ce Gueux, plus habile qu'on ne pense, ne se contente pas de mettre une de vos passions en jeu. Il flatte votre vanité par des titres d'honneur, & par des noms distingués. Il caresse encore habilement votre avarice, en vous répétant souvent la petitesse du don qu'il demande si instamment, & en vous faisant des promesses conditionnelles d'une récompense future, dont l'intérêt extraordinaire doit payer avec usure votre générosité.

Les Personnes peu accoutumées au séjour des grandes Villes, ainsi attaquées de tous côtés, sont souvent forcées de céder, & ne peuvent s'empêcher de donner souvent plus qu'ils ne peuvent : tant le pouvoir de l'amour-propre est étrange ! Cet amour, toujours occupé à veiller à notre défense & pour nos intérêts, nous oblige souvent, pour favoriser une passion dominante, à agir contre notre propre avantage. Car dès-que la pitié nous saisit, si seulement nous pouvons nous flatter que nous contribuerons au soulagement de celui qui est l'objet de notre compassion, & que nous diminuerons ses chagrins, cette idée flatteuse nous fait plaisir ; & souvent, dans ces cas, une Personne compâtissante fait des aumônes, quoiqu'elle sente des mouvemens d'une volonté qui tâche de l'en détourner.

Lorsque les infirmités ou les plaies d'un Mendiant sont de nature à pouvoir

Tome II.   C   être

être exposées à l'air, si elles sont extraordinaires, cette vue choque diverses Personnes : *C'est une honte*, s'écrient-ils, *qu'on souffre que de tels Objets soient ainsi exposés.* Résolus de ne rien donner, soit par avarice, soit parce qu'ils regardent ces dons comme de folles dépenses, ils voudroient qu'on éloignât ou qu'on cachât ces Objets, qui les mettent mal à leur aise. Ils détournent les yeux, & si le Patient jette des cris, ils fermeroient volontiers les oreilles s'ils ôsoient. Ils doublent donc le pas, irités de ce que l'on souffre de tels Mendians dans les rues.

Il en est de la Pitié comme de la Frayeur. Plus nous fréquentons les Objets qui excitent l'une ou l'autre de ces passions, moins leur impression nous trouble : ceux mêmes à qui ces scènes sont familières, n'en sont plus touchés du tout. Il ne reste alors à ce Gueux industrieux aucune ressource pour ébranler ces cœurs aguerris, à moins qu'il ne puisse marcher. Il n'a donc, à l'aide de ses jambes & de ses bequilles, qu'à les suivre de près, les tourmenter, les importuner par un bruit continuel, afin de toucher leur vanité, ou les obliger à acheter leur tranquilité. C'est ainsi qu'une infinité de Personnes font de prétendues aumônes, dans le même but qu'ils payent bien leur Cordonnier, je veux dire pour être à leur aise : on donne nombre de demi-soux à d'insolens Faquins qui nous persécutent à dessein,

sein, & à qui on donneroit plus volontiers des coups de canne si on ôsoit. Cependant la coutume & la politesse veulent que nous appellions cela *Charité*.

Le contraire de la *Pitié* c'est la Malice. J'ai déjà eu occasion d'en parler, lorsque j'ai traité de l'*Envie* †. Ceux qui savent ce que c'est que s'examiner soi-même, avoueront qu'il est très-difficile de remonter à la source & à l'origine de cette odieuse passion. C'est une de celles dont nous avons le plus de honte : aussi la partie nuisible de cette passion, peut être reprimée & corrigée par une sage éducation. Lorsque quelqu'un bronche près de nous, un mouvement naturel, indépendant de la réflexion, nous oblige à étendre les bras, pour empêcher ou pour rompre la chute : cela fait voir que tandis que nous sommes tranquiles, nous sommes plus naturellement portés à la pitié : mais quoique la Malice en elle-même soit peu à craindre, si cependant elle est assistée de l'Orgueil, elle devient pernicieuse, & plus terrible encore lorsqu'elle est poussée & animée par la Colère. Il n'y a rien qui éteigne plus promptement & plus efficacement la Pitié, que ce mélange de passion qu'on appelle *Cruauté*. Pour faire donc une action méritoire, il ne suffit point de dompter une passion, à moins que cette victoire ne procède d'un principe réellement

† Voyez Tome I. Remarque (N.)

lement louable. Ainsi nous apprenons de là, que c'est avec raison qu'on a ajouté cette clause à la définition qu'on a donnée de la Vertu, savoir qu'une ACTION VERTUEUSE doit partir d'une AMBITION RAISONNABLE D'ETRE BON †.

J'ai dit quelque part, que la Pitié est de toutes nos passions la plus aimable : il est même peu d'occasions où il soit nécessaire de la dompter & de la reprimer. Un Chirurgien peut même être compâtissant, pourvu que la pitié lui ôtant les forces, ne l'empêche pas de finir une opération qu'il doit faire. Les Juges mêmes, sensibles à ces mouvemens, peuvent s'y livrer, pourvu que cette sensibilité ne les engage pas à enfreindre les Loix. Mais il n'est point de pitié plus fatale dans le monde, & qui produise de plus mauvais effets, que celle qui naît de cette aveugle tendresse que les Parens ont pour leurs Enfans : Pitié qui les empêche de les gouverner avec l'exactitude & la sévérité qu'un amour raisonnable prescriroit, & qu'ils le souhaitteroient eux-mêmes. L'ascendant que cette passion a sur les Femmes surtout, est plus grande qu'on ne peut se l'imaginer. Tous les jours elles commettent des fautes qu'on attribue à la concupiscence & à la foiblesse de la chair, qui sont dues en grande partie à une pitié excessive.

LA

_____
† Voyez les Recherches sur l'Origine de la Vertu Morale, pag. 19.

La Pitié n'eſt pas la ſeule paſſion qui, en ſe jouant de nous, revêt les apparences de la CHARITE'. L'*Orgueil* & la *Vanité* ont plus bâti d'Hôpitaux, que toutes les Vertus enſemble. Les Hommes, naturellement tenaces, ſe deſſaiſiſſent ſi difficilement de leurs poſſeſſions, l'humeur intéreſſée eſt ſi naturelle à l'Homme, que quiconque peut, de quelque manière que ce ſoit, remporter une victoire ſur ſon avarice, peut s'aſſurer de l'applaudiſſement du Public qui l'admire. Dès-lors on lui fournit tous les moyens imaginables pour cacher ſa fragilité, & pour flatter quelqu'autre appétit qu'il aura envie de ſatisfaire.

Un Homme qui de ſon bien privé fait des Etabliſſemens qui, utiles au tout, auroient dû être faits par le Public, oblige chaque individu de la Société. Le Public donc, prêt à témoigner ſa reconnoiſſance à ces Bienfaiteurs, ſe croit, par devoir, obligé à regarder de ſemblables actions comme vertueuſes, ſans examiner les motifs par lesquels elles ont été faites.

Cependant il n'eſt rien de plus nuiſible à la Vertu, ni de plus pernicieux à la Religion même, que de faire croire aux Hommes, que celui qui donne de l'argent aux Pauvres, bienque ce ne ſoit qu'après ſa mort, obtiendra par-là dans la Vie à venir une pleine expiation des crimes qu'il a commis dans celle-ci.

Un Scélérat, qui s'eſt rendu coupable

d'un meurtre affreux, peut, par le moyen de quelques faux Témoins, éviter la punition qu'il mérite. Il prospère, il amasse de grands biens ; & par l'avis d'un sage Confesseur, il laisse ses Enfans gueux, en léguant tous ses biens à un Monastère. Je le demande, quelle satisfaction est-ce que ce bon Chrétien, dont on vante la charité, a fait pour ses crimes ? Et quelle est l'équité de ce Prêtre, qui a dirigé la conscience de ce Pénitent ? Celui-là seul donne ce qui est sien, qui pendant sa vie abandonne tout ce qu'il a, quel que soit le principe qui l'ait déterminé à cette action. Le Riche avare, qui refuse d'assister ses plus proches Parens durant sa vie, bienqu'ils ne l'ayent desobligé en quoi que ce soit de propos délibéré, & qui après sa mort fait de son argent des *Oeuvres Pies*, peut aussi avoir de sa piété telle idée qu'il voudra : cependant il vole sa Postérité. Il me vient dans l'esprit un exemple de charité qui a fait beaucoup de bruit dans le Monde. Il mérite d'être mis au jour. Qu'il me soit permis de le traiter *rhétoriquement*, pour plaîre une fois en ma vie aux Pédans.

Qu'un Homme avec peu d'habileté dans la Médecine, & très-peu de savoir, ait pu se mettre en vogue par de vils moyens, & qu'enfin il ait ainsi amassé de grands biens, il n'y a rien de fort étonnant. Mais qu'il ait eu assez d'adresse pour gagner l'estime générale d'une Nation éclairée, &

pour

pour s'établir une réputation plus belle qu'aucun de ses Contemporains, sans posséder d'autre qualité qu'une parfaite connoissance des Hommes, & un heureux talent à en profiter pour augmenter sa fortune, c'est ce qui est extraordinaire; & tel est le Médecin † dont il s'agit.

Cet Homme, après avoir acquis cette haute réputation, donnoit quelquefois ses soins officieux à un Domestique, ou à quelqu'autre Personne de cette condition pour rien, tandis qu'il négligeoit un riche Seigneur qui le payoit généreusement, ou qu'il refusoit de quiter sa bouteille pour des affaires pressantes, sans égard ni à la qualité, ni au danger des Personnes qui l'envoyoient chercher. Fier & fantasque, il traitoit ses Patiens comme des Chiens, quoique ce fussent des Gens de distinction; & il n'estimoit que ceux qui assez lâches, ou assez ignorans, le défioient, & ne révoquoient jamais en doute la certitude de ses sacrés Oracles. Que penserons-nous de lui ? Si outre cela insultant tout le monde, affrontant la plus haute Noblesse, il ôsoit étendre son insolence jus-

---

† A divers traits que l'Auteur donne de ce Médecin, j'ai cru reconnoître le Docteur *John Radcliffe*, qui en 1714. donna un revenu de six-cens livres sterling pour faire voyager deux Docteurs en Medecine de l'Université d'*Oxfort*, deux cens cinquante livres sterling par an pour la Bibliotheque de la Faculté, & cinquante cinq mille livres sterling pour faire élever quelques Bâtimens &c.

jusques sur la Famille Royale : si pour maintenir , aussi bien que pour augmenter l'opinion de sa suffisance, il dédaignoit de consulter avec ses Supérieurs , dans les conjonctures même les plus imprévues & les plus délicates : s'il ne vouloit jamais conférer avec d'autres Médecins qu'avec ceux qui disposés à rendre hommage à son génie supérieur , s'accommodoient à son humeur , & ne l'approchoient jamais qu'avec cette complaisance servile qu'un Flatteur de Cour emploie auprès de son Prince : si durant sa vie un Homme découvroit d'un côté des symptômes si peu équivoques d'une avidité insatiable pour les Richesses ; & de l'autre, peu d'égard pour la Religion , point d'affection pour ses Parens , nulle compassion pour les Pauvres , & à peine quelque humanité pour ses Semblables : si jusques à sa mort il n'avoit donné aucune preuve d'un véritable amour pour sa Patrie , pour le Bien Public , pour les Arts & pour les Sciences : que devons-nous penser du motif qui l'a engagé à agir , lorsqu'après sa mort nous trouvons qu'il n'a laissé qu'une bagatelle à des Parens qui étoient dans l'indigence, mais un immense trésor à une Université qui n'en avoit pas besoin ?

Quelque charitable que vous supposiez une Personne qui conserveroit encore quelque reste de raison , ou de bon sens, elle ne pourroit point porter de jugement favorable à ce fameux Médecin. Ne seroit-elle

elle pas plutôt obligée de conclure, que ce Docteur en faisant cette donation a cherché, comme dans toutes les autres actions de sa vie, à assouvir sa passion favorite, & qu'il a satisfait sa vanité par un moyen très-heureusement inventé ? Quand il pensoit aux monumens, aux inscriptions, & à tous les sacrifices de louange qu'on lui offriroit, mais surtout aux tributs annuels de remercîmens, de respect & de vénération qu'on rendroit avec tant de pompe à sa mémoire ; quand il considéroit que dans toutes ces solemnités, l'Esprit, l'Art & l'Eloquence mettroient tout en usage pour composer des Panégiriques convenables à l'affection pour le Public, à la munificence & à la générosité qu'avoit fait paroître en cela ce Bienfaiteur de la Société ; quand il réfléchissoit aux témoignages solemnels de gratitude que lui rendroient ceux qui seroient les Objets de ses faveurs ; quand, dis-je, il envisageoit toutes ces choses, son cœur ambitieux se sentoit entraîné par de douces extases de plaisir ; la durée de sa gloire surtout & l'immortalité qu'il procuroit ainsi à son nom, lui causoit des ravissemens capables de lui faire oublier toute autre considération.

La stupidité & la fausseté paroissent souvent dans les jugemens charitables que nous portons sur les autres. Cependant la raison exigeroit qu'on jugeât des actions des Hommes morts & enterrés, comme

nous jugeons des Livres. Nous ne devons faire aucun tort, ni à leur entendement, ni au nôtre. L'Esculape Anglois fut sans-contredit un Homme d'esprit. Mais s'il eût été animé par la charité, par l'affection pour le Bien Public, & par l'amour des Sciences; s'il eût eu en vue le bien des Hommes en général, ou celui des Personnes de sa profession en particulier; si, dis-je, il eût agi suivant quelques-uns de ces principes, il ne lui feroit jamais venu dans l'esprit de faire un pareil testament. Tant de richesses auroient pu être mieux employées; & il n'étoit pas nécessaire d'avoir autant de capacité qu'il en avoit, pour trouver d'autres moyens de placer cet argent d'une manière plus utile. Mais si nous considérons qu'il n'avoit pas moins de vanité que d'esprit, & si l'on nous permet seulement de soupçonner que cette passion a été le motif qui l'a déterminé à faire ce don extraordinaire, bientôt nous découvrirons la profondeur de son génie, la justesse de ses vues, & la parfaite connoissance qu'il avoit du Monde. Si un Homme vouloit se rendre immortel; si après sa mort il cherchoit à être loué, & déïfié par la Postérité la plus reculée; s'il se proposoit de jouïr de toute la reconnoissance, de tous les honneurs, & de tous les éloges que la vaine gloire peut souhaiter; je ne crois pas que l'Esprit Humain puisse inventer de méthode plus
effi-

efficace. Auroit-il suivi le parti des Armes ? Dans vingt-cinq Sièges, & dans autant de Batailles se seroit-il conduit avec la bravoure d'un *Alexandre* ? Auroit-il exposé sa vie & ses membres aux plus grands dangers ? Auroit-il essuïé toutes les fatigues & tous les périls de la Guerre pendant cinquante Campagnes de suite ? Voulez-vous que se dévouant aux *Muses*, il eût sacrifié son plaisir, son repos & sa santé à la Littérature, & qu'il eût passé tous ses jours dans une étude pénible, & dans les travaux qui accompagnent la Science ? Ou bien voulez-vous qu'abandonnant tous les intérêts mondains, & que distingué par sa probité, par sa tempérance, & par l'austérité de sa vie, il eût toujours marché dans les sentiers les plus pénibles de la Vertu ? Ce n'auroit certainement pas été un moyen d'éterniser son nom aussi sûr, que celui de disposer de son argent comme il a fait quand il a quité le Monde, après avoir mené une vie voluptueuse, & assouvi luxurieusement ses passions, sans aucun trouble & sans nul renoncement à soi-même.

Si un Riche avare, extrêmement intéressé, souhaitoit de tirer encore après sa mort l'intérêt de son argent, il n'a qu'à frauder ses Parens, & qu'à laisser ses richesses à quelque fameuse Université. C'est ainsi qu'avec peu de mérite on achete l'immortalité à bon marché, *hâc itur ad Cælum*

lum viâ. Dans ces Univerſités fleuriſſent la connoiſſance, l'eſprit & la pénétration; j'avois preſque dit que c'étoit le lieu où ſe fabriquoient toutes ces qualités. C'eſt-là où il y a des Gens qui, habiles dans la connoiſſance du Cœur Humain, ſavent ce que leurs Bienfaiteurs ſouhaittent en retour pour leurs bienfaits. C'eſt-là où les préſens extraordinaires obtiendront toujours des récompenſes extraordinaires. La meſure du don eſt toujours la règle de leurs louanges. Il n'importe que le Donateur ſoit Médecin, ou *Droguïneur*: lorsque les Témoins qui pourroient s'en moquer ſeront morts, ils n'ont pas à craindre qu'on parle jamais de leur baſſe origine.

Je ne puis jamais penſer à l'Anniverſaire du jour d'actions de graces décerné à ce Grand Homme, que je ne réfléchiſſe ſur les cures miraculeuſes, & ſur les autres choſes ſurprenantes qu'on lui attribuéra dans cent ans d'ici. J'ôſe même prédire qu'avant la fin de ce ſiécle on aura déjà forgé des Contes à ſa louange, tout auſſi fabuleux qu'aucun de ceux qu'on trouve dans les Légendes des Saints. Jamais les Poëtes, ni les Rhéteurs, ne furent mis ſous ſerment.

Notre ſubtil Bienfaiteur n'ignoroit rien de tout ce que je viens de dire. Il connoiſſoit les Univerſités, le génie des Membres qui les compoſent, & leur politique. Auſſi prévit-il qu'au bout de quelques Géné-

ECOLES DE CHARITE'.

nérations on ne cesseroit point de lui offrir de l'encens. Que dis-je ! Il sut bien, non seulement qu'on lui rendroit hommage durant le court espace de trois ou quatre cens ans, mais encore qu'on continuéroit à l'encenser malgré tous les changemens & toutes les révolutions qui pourroient arriver au Gouvernement & à la Religion. En un mot il vit fort bien qu'on l'honnoreroit aussi long-tems que la Nation subsisteroit, & que l'Ile même existeroit.

Il est très-fâcheux que les tentations de la Vanité soient assez fortes, pour engager un Homme à faire tort à ses légitimes Héritiers. Dès qu'un Homme qui vit à son aise & dans l'abondance, brûle du désir de la Vaine Gloire, & qu'il se voit approuvé dans sa vanité par le plus grand nombre de suffrages d'une Nation éclairée, il a en main un moyen infaillible pour s'attirer des hommages éternels. Quoiqu'il fasse, il peut compter qu'on rendra à ses *Manes* une adoration sans bornes. Il est comme un Héros dans une bataille, dont l'imagination lui procure toute la félicité que peut procurer l'Enthousiasme. Cette idée le soutient dans la maladie, le soulage dans la douleur, le garantit de toutes les frayeurs de la mort, & fait disparoître à sa vue les plus terribles appréhensions sur l'avenir.

,, *Dira-t-on* que toutes ces critiques, &
,, toutes ces scrupuleuses recherches dans
,, les

,, les actions & dans les consciences des
,, Hommes pourront les décourager d'em-
,, ployer leur argent à faire des Fonda-
,, tions & des Etablissemens de cette es-
,, pèce ? Que ne laisse-t-on, *ajouteront-*
,, *ils*, & les Fonds, & le Donateur, être
,, ce qu'ils voudront. Celui qui reçoit le
,, présent, n'en profite-t-il pas également,
,, quels que soient les motifs qui font a-
,, gir le Bienfaiteur ?

Ces reproches paroissent fondés : mais je suis d'avis que ce n'est pas faire tort au Public, que de détourner les Hommes de la vanité de faire entrer trop de trésors dans un *Fond Mort* du Royaume. Pour que la Société soit heureuse, il faut qu'il y ait une grande disproportion entre les richesses *actives*, & celles qui sont *inactives*, celles qui circulent, & celles qui restent enfouïes & mortes. Et si l'on n'y prend garde, la multitude des Donations & des Etablissemens, peut aisément devenir pernicieuse à la Nation.

Lorsque la Charité est trop étendue & trop grande, elle manque rarement de porter à la paresse & à la fainéantise : elle n'est presque d'aucun autre usage qu'à élever des Stupides, & à détruire l'Industrie. Plus vous bâtissez de Collèges & de Maisons de Charité, & plus vous contribuez à avancer ces desordres. Leurs prémiers Fondateurs, & leurs Bienfaiteurs, peuvent avoir eu de justes & de bonnes intentions. Peut-être qu'en travaillant pour leur propre réputation, ils se sont proposé d'autres vues plus louables : mais les Exécuteurs de leurs volontés, ainsi que les Directeurs qui leur ont succédé, ont ordinairement des vues entièrement différentes. Nous voyons rarement les charités appliquées pendant longtems suivant les prémières intentions qu'on avoit eu.

Je n'ai pas dessein de prêcher la Cruauté, & je n'ai aucun but qui ressente l'Inhumanité. Avoir assez d'Hôpitaux pour les Malades & pour les Blessés, c'est un devoir indispensable, soit en Paix, soit en Guerre. Les jeunes Orphelins, les Vieillards dénués de secours, & tous ceux qui sont incapables de travailler, doivent être soignés avec tendresse & avec empressement. Mais si d'un côté je ne voudrois pas qu'on négligeât aucun de ceux qui sont destitués de tout secours, & qui réellement nécessiteux sont hors d'état de subsister par eux-mêmes, aussi de l'autre côté je ne voudrois pas encourager la gueuserie ou l'oisiveté parmi les Pauvres. Suivant moi il faut obliger de travailler tous ceux qui sont en quelque manière capables de faire quelque chose, tandis qu'on fera des recherches exactes pour découvrir les Infirmes. On peut même trouver des occupations pour la plupart de nos Estropiés, pour plusieurs de ceux qui ne sont point propres à un travail pénible, & même pour les Aveugles,

gles *, aussi long-tems que leur santé & leurs forces le leur permettront. Ces réflexions me conduisent naturellement à une espèce de desordre, qui depuis quelque tems s'est répandu dans la Nation : je veux parler de l'*Enthousiasme* que l'on a depuis quelque tems pour les Ecoles de Charité †.

Un grand nombre de Personnes sont si enchantées de l'utilité & de l'excellence de ces Fondations, que quiconque ôse ouvertement s'y opposer, est en danger d'être lapidé par la Canaille. " Les En-
,, fans, *dit-on*, sont instruits dans les
,, principes de la Religion ; & en les met-
,, tant en état de lire la Parole de Dieu,
,, on

---

* On peut lire dans le *Journal des Savans*, Journal XX. & XXIV. *Tome* VI. la description d'une Machine pour faire travailler les Invalides. Ceux qui n'ont ni bras ni jambes, & les Aveugles, peuvent agréablement travailler, & faire autant d'ouvrage que les Hommes sains & robustes, pourvu seulement qu'ils puissent faire deux inflexions de corps, l'une en avant & l'autre en arrière ; ou bien l'une à droite & l'autre à gauche.

† En 1704. on trouva des Fonds, des Souscriptions & des Collectes pour rentes, tant à *Londres* qu'à *Westminster* ; & à dix milles aux environs, cinquante quatre Ecoles de Charité, pour l'instruction de mille trois-cens quatre-vingt-six Garçons, & sept-cens quarante-trois Filles, dont il y avoit plus de la moitié qui étoient fournis d'habits. L'exemple de la Capitale anima si efficacement les autres parties du Royaume, qu'en 1721. il y avoit mille quatre-cens quatre-vingt-douze de ces Ecoles de Charité, où plus de trente-deux mille Enfans de l'un & de l'autre sexe aprenoient à lire, à écrire, à chiffrer, & étoient instruits dans la Religion.

„ on leur donne certainement plus de
„ moïens pour se perfectionner dans la
„ vertu, dans les bonnes mœurs, & dans
„ la politesse, qu'à tant d'autres qu'on
„ laisse errer à l'avanture, & sans avoir
„ personne qui en ait soin. Combien ne
„ seroit donc pas pervers le jugement de
„ ceux qui n'aimeroient pas plutôt voir
„ des Enfans habillés décemment, qui
„ dans la semaine mettent au moins une
„ fois du linge blanc, & qui dans un or-
„ dre convenable suivent leur Maître à
„ l'Eglise, que de trouver dans toutes les
„ Places Publiques une Compagnie de
„ Goujats, qui n'ont point de chemise,
„ couverts de haillons déchirés, & qui
„ insensibles à leur misère, l'augmentent
„ continuellement par des sermens &
„ par des imprécations! Quelqu'un peut-
„ il douter que ces Vagabonds ne soient
„ la plus grande Pépinière des Voleurs &
„ des Filous ? Chaque *Session* * ne vo-
„ yons-nous pas examiner, & convaincre
„ un grand nombre de Criminels & de
„ Scélérats qui méritent la mort? Or les
„ Ecoles de Charité sont très-propres à
„ prévenir ces inconvéniens. Si on don-
„ ne une meilleure éducation aux Enfans
pau-

* Il y a dans chaque Comté quatre Sessions par an ou quatre Assemblées des Juges à Paix, devant lesquels les Commissaires d'Enquête, ou les Grands Jurés, citent les Traîtres, les Meurtriers, les Faux Monnoieurs, les Larrons &c.

Tome II.   D

,, pauvres, dans peu d'années la Société
,, en retirera un grand avantage. On pur-
,, gera ainsi la Nation de ce grand nom-
,, bre d'Incrédules & d'Impies, qui inon-
,, dent aujourd'hui cette grande Ville, &
,, tous les environs.

Tel est le cri général. Quiconque ôse dire le moindre mot contre ces suppositions, passe pour inhumain & pour barbare. C'est même bien de la grace qu'on lui fait, si on ne lui donne pas les noms odieux de scélérat, de profane, & de misérable athée. Cependant je demande qu'on daigne m'accorder un moment d'attention.

Personne ne nie qu'il ne soit plus beau de voir des Gueux couverts d'habits, que s'ils étoient crasseux & à demi-nuds. Mais je voudrois que la Nation ne payât pas trop cher un plaisir si mince & si passager. Car à dire le vrai, si nous en exceptons cet ornement & la parade dans tout ce beau discours populaire, je n'y vois rien de solide. J'y répondrai fort aisément.

Par rapport à la Religion, ce sont les Personnes les plus savantes & les plus polies d'une Nation, qui en ont constamment le moins. L'habileté est beaucoup plus propre à faire des Fripons, que la stupidité. Le Vice en général ne porte nulle part la tête plus levée, que dans les lieux où les Arts & les Sciences fleurissent le plus. L'*Ignorance*, dit le Proverbe, *est la Mère de la Dévotion*. Aussi est-il certain
que

que l'on ne trouvera nulle part l'innocence & la probité plus généralement répandues, que parmi les Païsans les plus ignorans & les plus idiots. Voilà ma prémière réponse.

Il faut ensuite considérer comment, dans les Ecoles de Charité, on ente, pour ainsi dire, les bonnes mœurs & la *civilité* sur la grossièreté & la rusticité des Pauvres de la Nation. Suivant moi, rien n'est plus inutile pour le Pauvre qui est destiné à travailler, que de posséder dans quelque degré cette *politesse*, si même elle ne leur est pas nuisible. Au-moins c'est une des qualités dont il a le moins besoin. Nous n'exigeons point de l'Indigent qu'il sache faire des complimens, mais qu'il travaille, & qu'il soit assidu à son ouvrage.

Je veux bien encore accorder cet article. Je me joins même avec plaisir à la foule de ceux qui conviennent unanimement que les *bonnes manières* sont nécessaires à tout le monde. Mais quelle espèce de politesse, je vous prie, apprend-on aux Pauvres dans les Ecoles de Charité? Les Enfans peuvent y être instruits à tirer leur bonnet indifféremment à tous ceux qu'ils rencontrent, excepté aux Mendians. On ne tâche point de leur inspirer d'autre espèce de civilité. Du-moins je ne conçois pas qu'ils puissent en acquérir davantage. Voici mes raisons.

On peut facilement conjecturer par les

petits appointemens qu'on donne au Maître, qu'il ne doit pas être orné de grandes qualités. A supposer même qu'il fût capable d'apprendre la *politesse* à ses Disciples, il n'en a certainement pas le tems. Tandis que ces Enfans sont à l'Ecole, ils sont toujours occupés à apprendre & à réciter leurs leçons auprès du Maître, à écrire & à chiffrer. Dès-que l'Ecole est finie, ils sont aussi libres que les autres Enfans pauvres. Qu'est-ce qui a de l'influence sur l'esprit tendre & flexible des Enfans ? Ce sont les préceptes & les exemples des Parens, & des autres Personnes qui mangent, boivent, & conversent avec ces petites Créatures. Les méchans Parens, qui sans avoir égard à l'éducation des Enfans vivent mal, ne sauroient avoir des Descendans bien moriginés & civilisés, quand même ils les enverroient à une Ecole de Charité jusqu'à ce qu'ils fûssent mariés. Les Honnêtes Gens laborieux ont beau être pauvres, s'ils ont quelques idées de la bonté & de la décence, ils tiendront leurs Enfans dans la crainte, & ils ne leur souffriront jamais de courir les rues, & de passer les nuits hors de la maison. Dès-que les Personnes qui travaillent elles-mêmes pour se procurer le nécessaire de la vie, auront quelque ascendant sur leurs Enfans, ils les occuperont à quelque ouvrage lucratif, aussitôt qu'ils seront capables de faire la plus petite chose.

Mais

Mais il y en a de si indociles, que ni le raisonnement, ni les coups ne peuvent faire aucune impression sur eux. Ce ne sont point ceux ci qu'on pourra corriger dans une Ecole de Charité. Que dis-je! L'expérience nous apprend que parmi ces Enfans qui vont à ces Ecoles de Charité, il y en a un très-grand nombre de mauvais, qui jurent, qui font des imprécations, & qui, à la réserve de leurs habits, paroissent tout aussi garnemens, que jamais *Tower-hill* ou *St. James* * en ait produit.

Je passe à présent aux crimes énormes, & à la grande multitude de Malfaiteurs, qu'on attribue à ce manque d'éducation que l'on reçoit dans les Ecoles de Charité. Qu'on commette tous les jours, & dans la Ville, & dans les environs, quantité de vols & de brigandages, rien n'est moins contestable. Il n'est pas moins vrai qu'on fait mourir chaque année un grand nombre de Personnes coupables de ces crimes. Mais parce qu'on objecte toujours ce renversement du Repos Public, quand il s'agit de rendre compte de l'utilité des Ecoles de Charité, tout comme si elles pouvoient rémédier à ces desordres, & les prévenir, j'ai dessein d'examiner quelles sont les causes réelles de ces malheurs, dont on se plaint avec tant de justice.

Ne doutez point que les Ecoles de Charité,

* Deux endroits fréquentés par la Populace.

rité, & que tout ce qui favorise la fainéantise éloigne le Pauvre du travail, ne contribuent plus à augmenter le nombre des Scélérats, que le manque de secours pour apprendre à lire & à écrire, ou que même la plus crasse & la plus stupide ignorance.

Je dois ici, avant toutes choses, prévenir les clameurs de quelques Personnes impatientes, qui en lisant ce que je viens de dire, s'écriéront que loin d'encourager le Vice, ils élèvent les Enfans des Ecoles de Charité à des Métiers, aussi bien qu'au Commerce, & à toutes sortes de Travaux honnêtes. Je leur promets d'examiner cette assertion dans la suite, & d'y répondre sans rien omettre de tout ce qu'on peut dire en sa faveur.

Dans une Ville peuplée il n'est pas difficile à un jeune Fripon placé au milieu d'une foule, de faire usage de la légèreté de ses mains, & de la dextérité de ses doigts, en prenant pour son coup d'essai, un mouchoir, ou une tabatière, à un Homme qui pense à ses affaires, & qui ne prend point garde à ses poches. Le succès dans de petits crimes, manque rarement d'exciter à de plus grands. Celui qui à douze ans vuide impunément les poches, percera vraisemblablement les maisons à l'âge de seize. Il sera par conséquent un Scélérat consommé, long-tems avant que d'avoir atteint sa vingtième année. Les Fripons qui prudens & hardis ne sont point

ivro-

ivrognes, peuvent commettre une infinité de maux avant qu'on les ait découverts. C'eſt-là un des plus grands inconvéniens auxquels ſont ſujettes les Villes auſſi grandes & auſſi peuplées que *Londres*, ou *Paris*. Ces endroits ſont les demeures des Fripons & des Scélérats, comme les Greniers ſont celles des Rats. Ils fourniſſent toujours une retraite aux plus inſignes Malfaiteurs, & ce ſont des places de ſureté pour mille Criminels, qui tous les jours commettent des vols & enfoncent les portes des maiſons. En changeant ſouvent de quartier, ils peuvent ſe cacher durant pluſieurs années, & éviter, peut-être pour toujours, les mains de la Juſtice, à moins qu'ils ne ſoient par hazard pris en flagrant délit. Et quand on les a ſaiſi, les preuves manquent quelquefois de clarté, d'autres fois elles ſont inſuffiſantes, les dépoſitions ne ſont pas aſſez fortes; les Jurés, & ſouvent les Juges, ſont touchés de compaſſion; les Perſonnes qui pourſuivent ces Fripons en juſtice, quoique d'abord ardens, ſe rallentiſſent ſouvent avant que le tems où l'on juge les Criminels ſoit venu. Peu de Perſonnes préfèrent la ſureté publique à leurs propres aiſes. Celui qui a le naturel bon, ſe réſoud difficilement à contribuer à arracher la vie d'un autre, quoiqu'il ait mérité le gibet. Etre la cauſe de la mort de quelqu'un, quoique la Juſtice le demande, c'eſt ce que la plupart des gens ne peuvent envisager sans fraïeur, surtout ceux dont la conscience est délicate, & qui manquent de fermeté & de résolution. Ce sont-là autant de causes qui font que mille Scélérats échappent à la punition due à leurs crimes. C'est aussi à cela qu'il faut attribuer le grand nombre de Délinquans, qui risquent hardiment leur vie, dans l'espérance que s'ils sont pris, ils auront aussi le bonheur de se tirer d'affaire.

Mais si les Hommes croïoient, & étoient aussi pleinement persuadés d'être pendus, qu'ils sont assurés d'avoir commis une action qui mériteroit la corde, le plus desespéré Scélérat se pendroit presque aussi-tôt que de forcer une maison, ou que de se rendre coupable de quelque autre crime capital. Il est rare qu'un Filou soit stupide & ignorant. Ce sont ordinairement des Personnes ingénieuses qui volent sur les grands chemins, & qui commettent d'autres crimes hardis. Les Voleurs de quelque réputation sont le plus souvent des Compagnons fins & subtils, qui très-versés dans les formalités, dans les procédures, & dans les rubriques des Loix qui les regardent, s'apperçoivent du plus petit défaut de forme commis dans une accusation. Pour se tirer d'embarras, ils sont toujours habiles à profiter du moindre défaut qui se rencontre dans la déposition des Témoins, & dans les autres preuves que l'on peut avancer contr'eux.

Il vaut mieux que cinq-cens Coupables échappent une juste punition, que de faire souffrir à un Innocent une peine qu'il ne mérite point : c'est une maxime généralement reçue. J'avoue qu'elle est vraie par rapport à la vie à venir ; mais elle est très-fausse à l'égard du bonheur temporel de la Société. Il est triste qu'un Homme soit mis à mort pour un crime dont il n'est point coupable. Dans une variété infinie d'accidens, il peut cependant se rencontrer des circonstances si étranges, qu'il n'est pas impossible que la chose n'arrive, malgré toute la prudence des Juges, & la bonne conscience des Jurés. Mais si les Hommes faisant tous leurs efforts, & ne négligeant aucune des précautions que la prudence humaine sait prendre, il arrivoit une fois ou deux en dix ans qu'on fît mourir un Innocent ; je crois que ce seroit un grand avantage pour une Nation, pourvu que durant tout ce tems-là la Justice fût administrée avec une telle rigidité, & une telle sévérité, qu'aucun Coupable ne demeurât impuni. Par-là non seulement on assureroit le bien de chaque Particulier, & la paix de la Société en général ; mais encore on sauveroit la vie à cent, si ce n'est pas à mille misérables Nécessiteux : gens qu'on pend tous les jours pour des bagatelles, & qui n'auroient jamais rien entrepris contre la Loi, ou qui du moins ne se seroient pas risqués à commettre des crimes capitaux, si l'espérance de se tirer d'affaire lorsqu'ils seroient pris, n'avoit pas été un des motifs qui eût animé leur résolution. C'est pourquoi dès-que les Loix sont claires & sévères, le relâchement dans leur exécution, la douceur des Jurés, & la fréquence des pardons, causent réellement des maux plus cruels à un Etat, ou à un Roïaume peuplé, que l'usage de la Torture & celui des plus rudes Tourmens qu'on puisse inventer.

On doit chercher une seconde cause de ces maux, dans le manque de précautions de ceux qui sont volés, & dans le grand nombre de tentations qui se présentent. Quantité de Familles sont fort peu soigneuses à veiller à la sureté de leurs Maisons ; quelques-uns sont volés par la négligence de leurs Domestiques ; d'autres pour avoir plaint la valeur des Barreaux & des Volets de fenêtre. Dans les Maisons on trouve par-tout le Cuivre & l'Etaim, c'est de l'argent comptant. Peut-être serre-t-on mieux la Vaisselle d'Or ou d'Argent, & renferme-t-on dans des coffres-forts l'Argent monnoïé. Mais une serrure ordinaire est bien-tôt ouverte, dès-que le Voleur est une fois entré dans la maison.

Concluons donc que plusieurs causes différentes, & que plusieurs maux presque inévitables, contribuent à produire parmi nous des Escamotteurs, des Fripons, & des Voleurs : Malheur qui dans tous les Païs a, & aura toujours plus ou moins lieu, sur-

tout

tout dans les Villes considérables, qui sont grandes & peuplées. *L'Occasion fait le Larron*, dit le Proverbe. Le peu de soin, & la négligence à bien fermer les portes & les fenêtres, l'excessive indulgence des Jurés & des Délateurs trop compâtissans, le peu de difficultés qu'ont les Criminels à obtenir une surséance d'exécution, & la fréquence des pardons, mais surtout le grand nombre d'exemples de Fripons reconnus, qui marchent cependant tête levée, & qui, quoique destitués & d'Amis & d'Argent, en imposent aux Jurés, confondent les Témoins, ou qui par d'autres ruses & d'autres stratagêmes trouvent moïen d'éviter la corde. Telles sont les fortes tentations qui amorcent le Nécessiteux qui manque de principe & d'éducation.

Ajoutez à cela l'oisiveté & la fainéantise que tous les Jeunes-Gens contracteront, & la forte aversion qu'ils prendront pour le travail & l'assiduité, si on ne les élève pas à travailler de leurs mains, ou si du-moins on ne les occupe pas la plupart des jours de la semaine, & durant la plus grande partie du jour. Tous les Enfans paresseux, même les meilleurs de l'un & de l'autre sexe, sont de mauvaises compagnies les uns aux autres. Toutes les fois qu'ils se rencontrent, ils se corrompent réciproquement.

Ce n'est donc pas le manque de secours pour apprendre à lire & à écrire, mais la con-

concurrence & la complication de maux plus réels, qui dans de grandes & d'opulentes Nations produisent & multiplient ces pépinières de Scélérats. Quiconque regarde l'ignorance, la stupidité & la lâcheté, comme la cause prémière, ou la cause *procatartique*, comme les Médecins l'appellent, de tous ces desordres, qu'il examine, pour se convaincre du contraire, la vie de ces Fripons. Qu'il considère de près les conversations, & les actions des Scélérats ordinaires, & de ceux que nous voïons communément se rendre coupables de crimes qui méritent la mort, il trouvera qu'on doit plutôt attribuer ces malheurs à l'excessive adresse, à la subtilité, & au trop de connoissances en général, dont les plus mauvais Incrédules & la Lie du Peuple sont en possession.

La Nature Humaine est par tout la même. Or l'on voit constamment que le génie, l'esprit, & le jugement s'augmentent par l'art & par l'application. D'où il suit que ces talens peuvent être tout autant perfectionnés par les crimes les plus affreux, que par l'exercice de l'industrie, ou de la vertu la plus héroïque. Dans la vie, il n'y a point d'état où la Vanité, l'Emulation, & l'Amour de la Gloire ne puissent avoir lieu. Un jeune Filou, qui raille son Délateur irrité, & qui flatte adroitement un vieux Juge, pour se faire regarder comme innocent, est envié par ses Egaux, & admiré par toute la Confrairie. Les Fripons

pons ont les mêmes passions à satisfaire, que les autres Hommes. Ils s'estiment réciproquement ; ils ont entr'eux des principes d'Honneur ; ils se piquent d'être fidèles l'un à l'autre ; ils se prisent mutuellement, à proportion de la bravoure, de l'intrépidité, & des autres vertus courageuses qu'ils font éclater, aussi-bien que les Gens qui ont embrassé une profession plus honnête. Dans les entreprises hardies, la Vanité ne soutient pas moins un Filou, qu'un Soldat qui se bat pour défendre sa Patrie.

Il faut donc attribuer les maux dont nous nous plaignons, à des causes toutes différentes de celles qu'on indique communément. Tantôt on dit que la Connoissance & le Savoir sont les moïens les plus propres à avancer la Religion : d'autres fois on assure que l'Ignorance est la Mère de la Dévotion. Je voudrois que les Hommes ne fussent pas si inconstans dans leurs sentimens, pour ne pas dire qu'ils ne fussent pas en contradiction avec eux-mêmes.

Mais si les raisons alléguées en faveur de cette Education générale ne sont pas fondées, comment se peut-il faire que dans tout le Roïaume les Grands & les Petits en soient autant infatués. Parmi nous, on ne voit plus de conversion miraculeuse ; on n'y découvre plus de pente universelle à la bonté & à la probité ; la corruption & l'impiété y règnent
autant

autant que jamais ; la charité est auſſi refroidie, & la vertu réelle tout auſſi rare. L'An 1720. a été auſſi fertile & auſſi remarquable en méchantes actions, qu'il y en ait eu dans quelque ſiècle que ce ſoit. Ces crimes n'ont point été commis par des Fripons pauvres, & qui ne fuſſent ni lire, ni écrire ; mais par des Gens riches & bien élevés, qui la plupart entendoient parfaitement bien l'Arithmétique, qui avoient leur réputation établie, & qui vivoient même avec quelque ſplendeur. Je trouve la vraie cauſe de cette fureur pour l'établiſſement de ces Ecoles dans de tout autres diſpoſitions. Lors donc qu'une choſe eſt une fois en vogue, la Multitude ſuit le torrent. Ainſi les Ecoles de Charité ſont à la mode, de la même manière que les *Paniers*, c'eſt-à-dire qu'elles ſont dues au caprice, puiſqu'on ne peut pas alléguer de meilleures raiſons pour l'une que pour l'autre. Auſſi ai-je bien peur que ce que j'avancerai ne ſatisfaſſe pas les Curieux, & je doute beaucoup qu'il faſſe quelque impreſſion ſur le gros de mes Lecteurs.

Il eſt certain que la véritable raiſon de cette manie qui règne aujourd'hui pour cette eſpèce d'Etabliſſement, eſt fort abſtruſe, & très-difficile à découvrir. Mais en répandant la moindre lumière ſur des matières fort obſcures, on rend un bon office aux Perſonnes qui aiment à entrer
dans

dans la nature des choses. Ainsi je vai donner un échantillon de mes conjectures. Je veux accorder, qu'au commencement le prémier but qu'on s'est proposé en fondant ces Ecoles, a été bon & charitable.

Mais pour découvrir pourquoi on en augmente si excessivement le nombre, & quels en sont aujourd'hui les principaux Promoteurs, il faut porter nos vues d'un autre côté, & en chercher la cause dans les Chefs de nos funestes Partis, tant parmi les Episcopaux, que parmi les Presbytériens. Mais comme ceux-ci ne sont que de pitoïables Mimes des prémiers, nous nous bornerons à l'Eglise Nationale; & nous verrons ce qui se passe dans une Paroisse, qui n'est pas encore bénie & sanctifiée par une Ecole de Charité.

Si le Lecteur a intention de me suivre, je crois être obligé en conscience de lui demander pardon pour les ennuïeuses recherches que je vai lui offrir. Je le prie donc, ou de jetter le Livre & de me laisser, ou bien de s'armer de la patience de *Job*, pour endurer toutes les impertinences qu'il rencontrera dans la description que je vai donner du caractère & de la conduite des Gens de basse extraction, dont je serai obligé de parler.

D'abord examinons la conduite de ces *Boutiquiers* établis depuis peu, qui n'aïant

tant pas la moitié d'affaires qu'ils fouhaitteroient, ont par conféquent bien du tems de refte. Si un de ces Commerçans a feulement tant foit peu plus de vanité que l'on n'en a ordinairement, & qu'il aime les affaires, il fe verra bientôt mortifié à l'Affemblée des principaux Paroiffiens qui fe tient dans la Sacriftie. C'eft là où dominent ordinairement les Perfonnes riches, & établies depuis longtems, ou plutôt les Criailleurs impertinens, les Chicaneurs & les Opiniâtres, qui ont obtenu le titre d'Hommes Notables. Quoique le fond, & peut-être le crédit de ce *Boutiquier* foit fort peu confidérable, il fent cependant au-dedans de foi une forte envie de primer. Un Homme orné de femblables qualités, voulant fe donner un certain relief, fe perfuade aifément que fa Paroiffe fera toujours dans un état déplorable tandis qu'il n'y aura point d'Ecole de Charité. D'abord il communique fes penfées à deux ou trois de fes Connoiffances, ceux-ci en parlent à d'autres, & bientôt on ne s'entretiendra que de cela dans la Paroiffe. Chacun invente des difcours & des argumens, conformément à fon favoir & à fes facultés. ,, N'eft-ce pas une gran-
,, de honte, *dit l'un*, de voir parmi nous
,, un fi grand nombre de Pauvres, inca-
,, pables d'élever leurs Enfans, & même
,, de fe procurer le plus néceffaire de la
,, vie, tandis que nous avons tant de
,, Riches?

ECOLES DE CHARITÉ. 65

„ Riches ? Que dites-vous des Riches,
„ *répond l'autre* ? Hélas ! Ce font aujour-
„ d'hui les Personnes les moins charita-
„ bles. S'ils ont de l'argent, ils s'en
„ servent pour entretenir un grand nom-
„ bre de Domestiques, de Carosses, &
„ de Chevaux. Ils peuvent mettre cent
„ livres sterling, même quelques-uns en
„ consacreront mille, à des Joïaux & à
„ des Meubles, sans qu'ils épargnent un
„ seul shelling pour une pauvre Créatu-
„ re qui est dans la dernière nécessité.
„ Quand on parle des Modes, ils écou-
„ tent avec beaucoup d'attention, mais
„ ils sont sourds aux cris du Pauvre. Il
„ n'est que trop vrai, Voisin, *replique le*
„ *premier* ; vous avez bien raison. Je
„ ne crois pas que dans toute l'*Angleter-*
„ *re*, il y ait une Paroisse où l'on soit
„ moins charitable que dans la nôtre. Ce
„ seroient Gens comme vous & moi, qui
„ exerceroient la bénéficence, s'il étoit
„ en notre pouvoir : mais parmi ceux
„ qui sont en état de pratiquer cette
„ *Noble Vertu*, il y en a fort peu qui en
„ aïent la volonté.

D'autres plus violens tombent sur les
Particuliers, & s'occupent à médire de
tous les Riches, qu'ils n'aiment point.
Ils font mille sots contes sur la Charité, qu'ils ont soin de faire passer de bouche en bouche, pour diffamer leurs Supérieurs.

Pendant que ceci se passe dant tout le
Tome II. E Voi-

Voisinage, celui qui a le prémier débité cette pieuse pensée, se réjouït d'entendre qu'un si grand nombre de Personnes soient entrées dans son projet; & il ne croit pas qu'il y ait peu de mérite à être le prémier auteur de cette grande rumeur qui court dans la Paroisse. Mais comme ni ses Amis intimes, ni lui, ne sont pas assez considérés pour mettre un tel Établissement sur pied, il faut découvrir quelqu'un qui ait plus de crédit. C'est à ce Grand qu'on s'adresse. On lui fait voir la nécessité, l'utilité, & le Christianisme qu'il y a à faire réussir un si pieux dessein. Et pour achever de le déterminer à entrer dans ce projet, on fait usage de la flatterie: puissant motif pour diriger toutes nos actions. ,, En ,, vérité, Monsieur, *lui dit-on*, si vous ,, vouliez bien prendre cette affaire en ,, main, personne n'a un plus grand as- ,, cendant sur les plus huppés de la Pa- ,, roisse que vous. Je suis assuré qu'un ,, seul mot de votre part engageroit un ,, tel. Ah! Monsieur, si vous preniez ,, une fois la chose à cœur, je la regar- ,, derois comme faite. " Si par cette espèce de Rhétorique on peut gagner quelque vieux Fou, ou quelque Glorieux intriguant & riche, ou du-moins reputé tel, la chose commence à devenir faisable. On en discourt dans les prémières Familles. Le Curé, ou son Vicaire, & le Lecteur prônent par-tout
ce

ce pieux projet. Pendant ce tems-là, les prémiers Promoteurs ne se donnent aucun relâche, ils sont infatigables. S'ils sont sujets à quelques vices de notoriété publique, ils les sacrifiéront pour établir desormais leur réputation; ou du-moins ils se tiendront mieux sur leurs gardes, & apprendront à jouer le rolle d'Hypocrite. Persuadés comme ils sont que les Oeuvres de surérogation qu'ils recommandent, & la Piété qu'ils célèbrent dans leur discours, sont incompatibles avec le Vice & les Dérèglemens, ils tâchent de les dérober aux yeux du Public.

Le nombre de ces petits Pères de la Patrie augmenté, ils forment une Société, & déterminent des Assemblées règlées, où chacun cachant ses vices a la liberté de déploïer ses talens. La Religion est le sujet de la conversation. On y discourt de la misère du tems, qu'on attribue à l'Athéïsme & à l'Impiété. On y voit rarement des Personnes de mérite qui vivent dans la splendeur, & des Gens qui, occupés à se pousser dans le Monde, ont beaucoup d'affaires. Quand des Personnes de sens & bien élevées n'ont rien à faire, elles cherchent généralement de meilleurs amusemens. Tous ceux qui ont des vues tant soit peu relevées, se feront pour l'ordinaire de la peine de se trouver dans ces conférences: mais ils doivent contribuer à cet Etablissement, ou se résoudre à mener une vie ennuïeuse dans la Paroisse. Deux sortes de Gens viennent volontairement dans ces Assemblées : les véritables Membres de l'Eglise *Anglicane*, & les rusés Pécheurs. Les prémiers s'y rendent par de très-bonnes raisons, mais qu'ils n'ont garde de dire. Les derniers s'y trouvent, parce qu'ils regardent cette action comme méritoire, & par où ils espèrent d'expier leurs crimes. Ils croient d'obliger Satan à céder les prétentions qu'il a sur eux, en considération des petites sommes qu'ils donneront pour le Fond charitable. Quelques-uns y viennent pour augmenter leur Commerce, & faire des Connoissances. Plusieurs même vous avouéroient, s'ils ôsoient ouvrir leur cœur, qu'ils n'auroient jamais eu aucune part dans ce projet, s'ils n'avoient eu envie d'être mieux connus dans la Paroisse. Les Personnes judicieuses, qui sentent la folie de ce pieux dessein, & qui n'ont rien à craindre de ces Gens, se laissent persuader de contribuer à la Fondation, afin de ne pas passer pour gens singuliers, qui ont la témérité de s'opposer à tout le monde. Ceux même qui d'abord étoient résolus à refuser d'y entrer, sont si fort tourmentés & importunés, qu'ils sont obligés de se retracter. Après avoir calculé les frais de cet Etablissement, on voit ce qu'il en coutera aux principaux Paroissiens.

Cette

Cette somme, par cette juste repartition, devient si peu considérable, que c'est un nouveau motif qui engage plusieurs Personnes à contribuer pour cette Fondation: Gens qui sans cela se seroient obstinés, & vivement opposés à tout ce Plan.

Les Directeurs des Ecoles de Charité sont ordinairement des Gens du moïen ordre. Plusieurs même sont pris du nombre de ceux de moindre condition, lorsque l'ardeur de leur zèle supplée à la bassesse de leur état. Demandez à ces dignes Directeurs, pourquoi ils se donnent tant de mouvemens, même au préjudice de leurs propres affaires. Chacun en particulier, ou tout le Corps, vous répondra unanimement, que c'est par égard pour la Religion & pour l'Eglise. Tous vous diront que le seul motif qui les fait agir, c'est le plaisir qu'ils goûtent à contribuer au bien & au salut éternel de plusieurs Pauvres innocens, qui suivant toutes les apparences auroient couru à la perdition, surtout dans ces tems impies où les Moqueurs & les Esprits Forts sont en si grand nombre. Aucune de ces Personnes, si vous les croïez, n'a pensé à son intérêt particulier. Ceux même qui fournissent à ces Enfans les choses dont ils ont besoin, n'ont jamais eu le moindre dessein de gagner sur ce qu'ils vendent pour l'usage de ces Ecoles. Dans toutes les autres occasions leur avarice, & leur avidité insatiable pour le gain, paroissent à la vérité d'une manière très-visible : dans celle-ci ils ont renoncé à leur humeur intéressée, & ils ne s'y sont proposés aucune fin mondaine. Un motif surtout, qui n'est nullement celui qui contribue le moins à les exciter, mais qui doit être soigneusement caché, c'est la satisfaction qu'ils goûtent à régler & à diriger. Il y a dans le nom de *Directeur* un son mélodieux, qui charme les Gens d'un moïen état. Chacun admire l'autorité, & envie les droits de la Supériorité. *Imperium in Belluas*, l'Empire sur les Bêtes Féroces a même ses délices. Il y a du plaisir à avoir quelque chose à gouverner ; & c'est surtout ce plaisir qui donne à la Nature Humaine la force de supporter l'ennuïeux esclavage d'un Maître d'Ecole. Si donc on ressent la moindre satisfaction à gouverner des Enfans, quels ne doivent pas être les ravissemens de ceux qui dirigent le Maître d'Ecole lui-même ! Combien de belles choses ne dit-on point, & n'écrit-on pas à un Directeur, lorsqu'il s'agit d'élire un Maître d'Ecole ! Qu'il est agréable de recevoir des louanges, lors surtout qu'on ne s'apperçoit, ni de ce qu'il y a de dégoûtant dans les flatteries, ni de la dureté des expressions, ni de la pédanterie du stile !

Ceux qui peuvent examiner la Nature Humaine, trouveront toujours que les vues que ces Personnes déclarent, sont celles auxquelles ils pensent le moins ; & que celles que ces Directeurs nient formelmellement, font les plus réelles. Il n'est point d'habitude, ou de qualité, qui s'acquière plus aifément que l'Hypocrifie. Rien ne s'apprend plutôt que de nier & de déguiser les fentimens de notre cœur, & les principes qui nous font agir. Les femences de chaque paffion nous font fi naturelles, que perfonne ne vient au monde fans en être en poffeffion. Or fi nous confidérons les amufemens & les recréations des petits Enfans, nous obferverons que généralement tous ceux à qui on le permet, prennent plaifir à badiner avec de petits Chats, ou avec de jeunes Chiens. Pourquoi font-ils fi généralement portés à élever & à nourrir ces pauvres Créatures ? C'est qu'ils peuvent leur faire tout ce qu'il leur plaît, & les mettre dans telle posture & dans tel état qu'ils veulent. Le plaifir qu'ils reffentent dans ces fortes d'amufemens, vient originairement de cet amour pour la Domination, & de ce panchant naturel que nous avons à ufurper & à exercer quelque autorité fur les Etres qui nous environnent.

Revenons à notre Ecole. Quand ce grand ouvrage est fini, on voit la joie & le contentement peints fur le vifage de tous les Paroiffiens. Pour découvrir la caufe qui produit ce plaifir, je me crois encore obligé de faire une petite Digreffion.

Par-tout il y a des Hommes pauvres & mal-propres, qui couverts de fales haillons

lons blessent notre vue. Nous regardons en général ces Gens comme de misérables Créatures ; & à-moins qu'ils n'aient quelque chose de fort remarquable, nous n'y faisons presque pas attention. Cependant il se trouve souvent parmi ces Gueux, de beaux Hommes, qui ont la taille bien faite. Mais si quelqu'un de ces Hommes devient Soldat, quel changement n'observet-on point chez lui, dès-qu'il a endossé son juste-au-corps rouge ! Quelle révolution n'apperçoit-on pas dans ce Guerrier, lorsque la tête ornée d'un bonnet de Grenadier, & armé de sa grande épée de Catalogne, il nous regarde fièrement ! Ainsi harnaché, il nous plaît. Tous ceux qui l'ont connu, ont d'autres idées de ses qualités, qu'ils n'en avoient pendant qu'il étoit dans ses haillons. Le jugement que l'un & l'autre Sexe forme sur son compte, est bien différent de celui qu'ils avoient porté auparavant. Il y a quelque analogie entre ce cas, & celui des Enfans des Ecoles de Charité. Dans l'uniformité qui fait plaisir à la plupart des gens, il y a une beauté naturelle. Il est agréable à l'œil de voir des Enfans, tant Garçons que Filles, propres & uniformement équipés, marcher deux à deux, & en bon ordre. Il est certain qu'on promène avec plaisir ses yeux sur des Enfans ainsi parés. Mais ce qui rend encore plus généralement sensible à ce plaisir, c'est la part imaginaire, que même les Domestiques,

&

& les moindres Membres de la Paroisse, croient avoir à tout cela. On dit, sans qu'il en coute rien, NOTRE ECOLE DE LA PAROISSE, NOS ENFANS DE CHARITÉ. Dans tout ceci il y a une espèce, une ombre de propriété, qui chatouille tous ceux qui croient avoir quelque droit de faire usage de ces mots; mais plus spécialement ceux qui contribuent actuellement, & qui ont eu grande part à cette OEUVRE PIE.

Il est presque inconcevable, comment il se peut que les Hommes connoissent si peu leur propre cœur, & ce qui se passe intérieurement chez eux, que de prendre la Foiblesse, la Passion, & l'Enthousiasme, pour la Bonté, la Vertu, & la Charité. Rien n'est cependant plus vrai. Ces Juges aveugles prennent la satisfaction, la joie, & les transports qu'ils ressentent, pour des principes de Piété & de Religion. Quiconque considèrera ce que j'ai dit dans les deux ou trois dernières pages, & qui permettra à son imagination de réfléchir sur ce qu'il a entendu & vu sur ce sujet, découvrira suffisamment pourquoi les Ecoles de Charité sont si en vogue, si unanimement approuvées & admirées par les Personnes de tout ordre, de tout sexe, & de toute condition. Pour expliquer ce phénomène, on n'a pas besoin de recourir à l'Amour de Dieu, & au Christianisme. C'est une matière dont tout le monde peut parler, &

que chacun peut comprendre parfaitement. C'est un fond inépuisable pour babiller, & qui sert à entretenir les Personnes qui se trouvent en voïage, soit dans les lieux, soit dans les Coches. Si un Directeur, après s'être plus animé que d'ordinaire au sujet de l'École ou du Sermon, se trouve par hazard en compagnie, quelles louanges ne lui sont pas données par les Femmes! Son zèle & ses dispositions charitables sont élevées jusqu'au Firmament. " Sur ma parole, Monsieur, *dit*
,, *une vieille Dame,* nous vous sommes tou-
,, tes fort obligées. Je ne crois pas qu'au-
,, cun de vos Collègues eût été assez ac-
,, crédité pour nous procurer la visite de
, l'Evêque. On m'a assuré que Mylord *
,, étoit venu pour l'amour de vous, quoi-
,, qu'il fût un peu incommodé. Je n'ai
,, fait que mon devoir, *replique fort gra-*
,, *vement le Directeur.* Je n'épargne ni la
,, peine, ni la fatigue, dès-qu'il s'agit d'ê-
,, tre utile à ces Enfans, à ces pauvres
,, Agneaux. J'étois bien résolu d'avoir
,, une paire de Manches de Linon †, quand
,, même

---

* Tous les Evêques d'*Angleterre*, excepté celui de l'Ile de *Man*, sont *Lords-Barons*. Ils prennent comme tels séance dans la Chambre des Pairs. Ces Seigneurs Spirituels du Roïaume portent aussi le titre de *Right-Reverend Fathers in God*, de *très-Révérends Pères en Dieu*.

† C'est une partie de l'habillement des Evêques. Il veut dire qu'il avoit résolu d'engager l'Evêque à venir prêcher dans sa Paroisse, & la visiter, quand même il lui en auroit coûté beaucoup d'embarras.

„ même j'aurois été obligé d'être toute
„ une nuit en chemin. Auſſi ſuis-je ravi
„ de n'avoir point échoué.

Quelquefois on s'entretient du Bâtiment où ſe tient l'Ecole, & du Paroiſſien qui le plus vraiſemblablement en érigera un. „ La vieille Chambre où l'on fait l'Ecole, „ & celle où l'on s'aſſemble préſentement, „ ſont prêtes à tomber en ruïne. Un Tel „ a hérité de ſon Oncle un très-grand „ bien, ſans compter beaucoup d'argent „ comptant. Mille livres ſterling de plus „ ou de moins, ſont pour lui un très-„ petit objet.

D'autres parlent de la grande foule d'Auditeurs qu'on voit dans quelques Egliſes, & des ſommes conſidérables qu'on y amaſſe. D'où par une facile tranſition ils viennent à s'entretenir de l'habileté, des différens talens, & de l'orthodoxie des Eccléſiaſtiques. " Le Docteur N... N...
„ eſt une Perſonne d'un eſprit peu com-
„ mun, & d'un ſavoir profond. Je le crois
„ même fort affectionné à l'Egliſe : ce-
„ pendant il ne réuſſit point, lorsque dans
„ ſes Sermons il traite de la Charité. Mais
„ il n'y a point au monde d'Homme plus
„ merveilleux pour cela que S.... Il
„ force les Avares à tirer l'argent de leurs
„ poches. Quand il prêcha dernièrement
„ pour NOS ENFANS, je ſuis aſſuré que
„ pluſieurs Perſonnes donnèrent au-delà
„ de ce qu'ils s'étoient propoſés en ve-
„ nant à l'Egliſe. Je le vis ſur leurs vi-
„ ſa-

„ sages, & je m'en réjouïs véritable-
„ ment.

Un autre charme qui prévient extrêmement en faveur des Ecoles de Charité, c'est l'opinion généralement établie parmi la plupart des Hommes, qui croient que ces Ecoles ne sont pas simplement utiles à la Société, par rapport à son bonheur temporel ; mais encore que le Christianisme ordonne & exige qu'on fasse de ces sortes d'Etablissemens, si l'on veut avoir part au bonheur à venir. Ces Ecoles sont vivement & ardemment recommandées par tout le Corps Ecclésiastique. Le Clergé a plus emploïé de peine & d'éloquence sur ce sujet, que sur aucun autre point du Christianisme que ce soit. Ce ne sont point de Jeunes Gens, ou de pauvres Ecoliers sans crédit qui exaltent ces Fondations, mais les plus savans de nos Prélats, les plus éminens par leur Orthodoxie ; ceux même qui ne se fatiguent pas souvent pour d'autres sujets, se sont donnés de grands mouvemens dans cette occasion. Par rapport à la Religion, peut-on douter qu'ils ne connoissent ce qu'elle exige principalement de nous, & ce qui est par conséquent le plus nécessaire pour obtenir le salut ? Et par rapport aux Affaires du Monde, qui connoîtroit mieux les intérêts du Roïaume que les Sages de la Nation, dont les Lords Spirituels sont une branche si considérable ?

On tire de ces sacrées décisions plusieurs

sieurs conséquences. Prémièrement, ceux qui contribuent de leurs bourses, ou par leur crédit, à augmenter ou à maintenir ces Ecoles, sont tentés de regarder ces actions comme plus méritoires, qu'ils ne les auroient envisagées s'ils n'y avoient aucune part. En second lieu, tous ceux qui ne peuvent, ou qui ne veulent en aucune manière y contribuer, sont obligés d'en parler avec éloge. Quoiqu'il soit difficile de se bien conduire dans les choses qui sont opposées à nos passions, cependant il est toujours en notre pouvoir de souhaitter que les bienfaits des autres soient utiles. Il n'en coute pas beaucoup à faire de pareils souhaits. Parmi le Vulgaire superstitieux, à peine trouve-t-on une Personne assez impie, pour ne pas s'imaginer que la simple approbation qu'il donne aux Ecoles de Charité, ne doive lui faire naître la douce espérance de voir un jour expier par-là ses péchés. C'est par le même principe que les plus Vicieux font servir à leur consolation, l'amour & la vénération qu'ils ont pour l'Eglise. Les plus insignes Scélérats trouvent ainsi occasion de montrer la droiture de leurs inclinations, sans qu'ils fassent aucuns frais pour cela.

Mais si toutes les choses que j'ai avancées, ne sont pas des motifs suffisans pour engager les Hommes à maintenir l'Idole dont je parle, il y en a un autre qui portera infailliblement la plupart des gens

à la

à la défendre. Nous aimons tous naturellement à triompher. Quiconque donc prendra parti pour ces Ecoles, est sûr de la victoire, du-moins dans neuf Compagnies sur dix. Qu'il dispute avec qui que ce soit, appuïé de ce qu'il y a de spécieux dans cette opinion, & de la pluralité des suffrages, il défend un Château, ou une Forteresse imprenable, où il ne sauroit être forcé. Fût-ce même l'Homme le plus sage & le plus vertueux, qui, pour prouver le tort que la Société reçoit des Ecoles de Charité, ou du-moins de leur multiplicité, produisît tous les argumens que j'avancerai dans la suite, & d'autres encore plus forts, la vogue ne sera jamais pour lui. Disputât-il contre le plus grand Faquin du monde, qui feroit seulement usage du jargon particulier à cette espèce de Charité & de Religion, il perdra toujours sa cause dans l'opinion du Vulgaire.

La source donc & l'origine de tous les bruits, & de toutes les clameurs qui se sont élevées en faveur des Ecoles de Charité, doit être cherchée principalement dans les foiblesses & les passions humaines. Du-moins est-il très-possible qu'une Nation ait la même tendresse, & brûle du même zèle pour ces Ecoles, qu'on en remarque parmi nous, sans que ce fût cependant par aucun principe de Vertu ou de Religion. Encouragé par cette considération, j'attaquerai avec plus de liberberté cette erreur vulgaire, & je tâcherai de prouver clairement que cette Education forcée est pernicieuse au Public, bien loin de lui être utile. Le Bien de la Société exige de nous des égards supérieurs à toute autre loi, & à toute autre considération. Je ne chercherai donc point d'autre excuse, pour me justifier de ce que j'ôse ainsi différer des sentimens que professe aujourd'hui le savant & révérend Corps de nos Théologiens. Ce sera-là ma seule apologie, pour me disculper de ce que je me hazarde à nier pleinement, ce que j'ai avoué tout à l'heure être affirmé par la plupart de nos Evêques, & des Membres du Clergé Inférieur. Puisque notre Eglise ne prétend pas même être infaillible dans le Spirituel, quoique les matières en soient directement de son ressort, on ne fera donc point d'injure au Clergé, lorsqu'on croira qu'il peut errer dans le Temporel, qui dépend moins de ses soins immédiats..... Mais je reviens au sujet que je me suis proposé.

Après la malédiction de la Terre, devenus incapables d'avoir d'autre pain que celui que nous mangeons à la sueur de notre visage, il est manifeste qu'il faut bien des fatigues & bien des soins, avant que l'Homme, considéré dans le simple état de Nature, puisse être pourvu de tout ce qui lui est absolument nécessaire pour sa subsistance, & pour le simple entretien de sa nature corrompue. Mais ces soins, ces

ces peines & ces fatigues augmentent infiniment, si l'on veut se rendre la vie agréable, lorsque devenu Membre de la Société Civile, on a reçu quelque éducation ; surtout lorsque, par un accord mutuel, un très-grand nombre de Personnes se sont liées ensemble pour former un Corps Politique. Dans cet Etat, plus les lumières de l'Homme augmentent, plus est grande la variété des travaux nécessaires & requis pour le mettre à son aise. Une Société ne pourroit subsister long-tems, si plusieurs de ses Membres vivant dans l'oisiveté, & jouïssant de tout l'aise & de tous les plaisirs qu'ils peuvent inventer, il n'y avoit en même tems une multitude proportionnée de Gens qui suppléâssent à ce défaut, en faisant l'ouvrage que les prémiers devroient faire. Par la coutume & par la patience ils endurciront ainsi leurs corps, en travaillant pour les autres & pour eux-mêmes.

L'abondance & le bon marché des Denrées dépendent beaucoup du prix & de la valeur qu'on met à ce travail. Ainsi le bonheur de toutes les Sociétés, même avant que d'être infectées du luxe étranger, exige prémièrement que le travail soit exécuté par ceux de ces Membres, qui forts & robustes ne se sont jamais accoutumés à l'aise, à la paresse & à l'oisiveté. Il faut en second lieu que ces mêmes Ouvriers soient faciles à contenter par rapport au nécessaire de la vie. Char-
més

més seulement d'être vétus, ils ne se feront aucune peine de porter les étoffes les plus grossières. Ne se proposant que de se nourrir, sans aucun égard au goût, ils ne prendront qu'une nourriture saine, qui puisse appaiser la faim; & ils ne demanderont pour boisson, que ce qui peut éteindre la soif.

Comme toutes les occupations basses & serviles doivent presque se faire pendant le jour, c'est aussi par cette partie du tems que les Ouvriers mesurent actuellement leur travail, sans penser en aucune manière, ni aux heures qu'ils y ont emploïées, ni à la lassitude qu'ils pourroient ressentir. Si le Mercenaire qui vit à la campagne doit se lever de bon matin, ce n'est point qu'il se soit assez reposé, mais parce que le soleil va se lever. Or ce dernier article seul seroit d'une dureté insupportable à des Personnes faites, qui même auroient au dessous de trente ans, si durant leur bas âge elles s'étoient accoutumées à rester au lit aussi long-tems qu'elles pouvoient dormir. Mais ces trois gênantes conditions réunies forment un tel genre de vie, qu'un Homme élevé plus mollement voudroit à peine s'y résoudre, quand même par-là il pourroit se délivrer d'une dure prison, ou même d'une Femme grondeuse.

Il faut que dans une Nation il y ait un grand nombre de Gens de cette espèce. Des Loix sages doivent donc cultiver &

entretenir des Personnes de cette sorte avec tout le soin imaginable. Il faut prévenir la rareté de ces Gens, avec la même attention qu'on prévient la rareté des Denrées. Personne ne seroit pauvre, ni ne se fatigueroit pour gagner sa vie, s'il pouvoit faire autrement. Le besoin qui force les Hommes à se résoudre à tout souffrir, c'est celui qui consiste dans le manger & dans le boire. Dans les climats froids, il faut de plus se procurer des habits & un logement. Sans ces besoins on ne trouveroit qui que ce soit qui voulût se donner de la peine & travailler. Mais les occupations les plus pénibles sont considérées comme des plaisirs réels, dès-qu'elles empêchent un Homme de mourir de faim.

Dans une Nation libre où il n'est pas permis d'avoir des Esclaves, les plus sures richesses consistent à pouvoir disposer d'une multitude de Pauvres laborieux. C'est une Pépinière intarissable pour les Flottes & pour les Armées. Sans ces sortes de Gens on ne jouïroit d'aucun plaisir, & on n'estimeroit point ce qu'un Païs produit. Pour rendre la Société heureuse, & pour que les Particuliers soient à leur aise, lors même qu'ils n'ont pas de grands biens, il faut qu'un grand nombre de ses Membres soient ignorans, aussi bien que pauvres. Les lumières augmentent & multiplient nos désirs ; & moins l'Homme souhaite
de

de choses, plus il supplée aisément à ses nécessités.

La prospérité & le bonheur de chaque Etat exigent donc que les connoissances du Pauvre laborieux se terminent à ses seules occupations ; & que par rapport aux choses de ce Monde, elles ne s'étendent jamais au-delà de ce qui regarde sa vocation. Un Berger, un Laboureur, ou quelqu'autre Païsan, plus il connoit le Monde, & les choses qui sont étrangères à son travail ou à son occupation, moins il sera propre à en supporter les fatigues & les peines avec joie & avec contentement.

Lire, écrire & chiffrer sont des talens absolument nécessaires à ceux qui en ont besoin pour leurs affaires. Mais ces connoissances sont fort pernicieuses aux Gens pauvres, qui ne vivant pas de ces Arts, sont obligés de travailler pendant les six jours de la semaine, pour se procurer leur pain quotidien. Peu d'Enfans font quelques progrès à l'Ecole, avant qu'ils soient parvenus à un âge qui les mettroit en état de s'occuper à quelque autre ouvrage utile. Ainsi chaque heure que les Enfans pauvres emploient sur les Livres, c'est tout autant de tems perdu pour la Société.

Il est moins fatiguant d'aller à l'Ecole, que de travailler. Plus les Enfans continuéront dans ce genre aisé de vie, moins ils seront propres à travailler comme il faut.

faut. Devenus grands, les forces & l'inclination leur manquent pour cela. Les Hommes deftinés à finir leurs jours dans un genre de vie laborieux, ennuïant & pénible, s'y foumettront toujours plus patiemment, lorsqu'on les y mettra de bonne heure. Un travail pénible & une nourriture des plus groffières, font des punitions qu'on inflige aux Malfaiteurs coupables de certains crimes. Mais lorsqu'on les impofe à des Perfonnes innocentes, qui n'y ont point été accoutumées ni élevées, c'eft une des plus grandes cruautés.

On n'aprend pas à lire & à écrire fans qu'il en coute quelques efforts & quelque application. C'eft ce qui fait qu'à peine ces Jeunes Gens y ont-ils fait quelques progrès, qu'ils s'eftiment infiniment fupérieurs à ceux qui n'en connoiffent rien. Souvent même on voit leur vanité les aveugler fi ridiculement, qu'ils fe confidèrent comme des Etres d'une autre efpèce. Tous les Hommes ont naturellement de l'averfion pour la peine & pour le travail. Il eft donc naturel qu'ils faffent un grand cas des qualités qu'ils n'ont acquifes qu'au dépens de leurs aifes & de leur repos pendant plufieurs années.

Ceux qui confument une partie de leur jeuneffe à aprendre à lire, à écrire & à chiffrer, fe flattent avec raifon d'être emploïés dans des occupations où ces talens peuvent être de quelque ufage. Ainfi la plupart regarderont avec le dernier mépris

pris le travail pénible. Ils croiroient se mécaniser, s'ils entroient au service d'Autrui, & s'ils s'occupoient de quelque Métier vil pour quelque légère récompense. Un Homme qui a reçu de l'éducation, pourra par choix s'appliquer à l'Agriculture, & même s'acquiter avec empressement de l'ouvrage le plus bas & le plus pénible: mais pour cela il faut qu'il s'agisse de son propre ouvrage, & que l'avarice, la nécessité, le soin d'une famille, ou quelque autre motif pressant l'y sollicite. Pour l'engager à être simple Mercenaire, ou à servir un Fermier, on devroit lui donner des gages extraordinaires. Il ne seroit même pas aussi propre à remplir ces pénibles fonctions, qu'un Ouvrier qui a toujours travaillé à la journée, qui a été élevé autour d'une charrue ou d'un tombereau, & qui ne se souvient pas d'avoir jamais vécu d'une autre manière.

Remarquons de plus qu'il n'est personne qui soit plus empressé à rendre quelque service bas à quelqu'un, que l'Inférieur à l'égard de son Supérieur: & lorsque je parle d'Inférieurs, j'entens non seulement ceux qui ont moins de richesses, de crédit ou de qualité, mais aussi ceux qui ont moins de connoissances ou d'esprit, que ceux que je nomme Supérieurs. Jamais un Domestique n'aura de respect pour un Maître, s'il a assez d'esprit pour s'appercevoir qu'il sert un Fou. Nous obéissons sans presque nous en appercevoir, à ceux qui doivent nous apprendre quelque chose. Plus nous croions habiles & sages ceux qui nous enseignent ou qui nous dirigent, plus nous avons de déférence pour leurs instructions & pour leurs ordres. Personne n'est soumis avec plaisir à ses Egaux. Je suis même persuadé que si le Cheval avoit autant de connoissance que l'Homme, il ne seroit pas fort sûr de se hazarder à le monter.

Jamais je ne me sentis moins d'envie de faire une digression, il en faut cependant une ici. Mille verges trempent dans le vinaigre, toute la malice des petits Pédans est préparée contre moi, de ce que je suis assez hardi pour attaquer la voix de par Dieu, & m'opposer à l'A, B, C, les vrais élémens de toute Littérature.

Ce n'est point ici une terreur panique, le Lecteur même conviendra que mes craintes sont très-fondées, s'il considère quelle armée de Tyranneaux j'ai à combattre. Combien de Maîtres d'Ecole qui usent actuellement, & sans relâche, de poignées de verges! Combien de Personnes ne sollicitent pas pour avoir la même permission! Mais quand je ne me ferois pas d'autres Ennemis, par la liberté avec laquelle je parle des Ecoles de Charité, que ceux de l'un & de l'autre sexe qui y aiant pris du dégoût pour les occupations manuelles meurent misérablement de faim dans tout le Roïaume de la Grande-Bretagne; je suis persuadé que, par

un

un calcul des plus modestes, j'en aurois tout au moins une centaine de mille. Leur éducation a augmenté l'antipathie naturelle qu'ils avoient pour les travaux pénibles, & le désir de commander s'est accru à proportion des progrès qu'ils ont faits. Déjà ils sont devenus incapables d'obéir, ils ambitionnent d'être Maîtres ou Maîtresses d'Ecole. De quel œil ne doivent-ils donc pas regarder une Personne qui cherche à faire aller leurs espérances en fumée ?

Il me semble que je les entens crier, que jamais on n'a débité de doctrine plus dangereuse ; qu'il faut être Fou & un franc Papiste, pour l'enseigner. On demandera quelle Brute de Sarazin peut emploïer ses cruelles armes pour détruire le Savoir. Ils m'accuseront, suivant toutes les apparences, de travailler, de concert avec le Prince des Ténèbres, à introduire dans ce Roïaume plus d'ignorance & de barbarie, que jamais les Goths & les Vandales n'en ont occasionné depuis que la Lumière Evangélique a paru dans le Monde. Quiconque ôse s'exposer à la haine publique, doit s'attendre à se voir accuser de crimes dont il ne fut jamais coupable. On soupçonnera que j'ai conspiré pour effacer de la mémoire des Hommes les Saintes Ecritures. Peut-être même soutiendra-t-on que ce fut à ma requête, que les petites Bibles qu'on publia par privilège l'An MDCCXXI, pour être distribuées aux

Ecoles de Charité, furent rendues illisibles par la pauvreté des Caractères & du Papier. Cependant je protefte que j'en suis tout auffi innocent qu'un Enfant qui n'eft pas né. Mon cœur eft agité de mille craintes. Plus je réfléchis fur la fituation où je me mets, & plus je la trouve trifte. Une feule chofe me raffure. Je fuis presque perfuadé qu'à peine fe trouvera t-il quelqu'un qui fe fouvienne de ce que je dis ici, ou qui y faffe la moindre attention. Mais fi je foupçonnois que ce que j'écris feroit envifagé comme étant de quelque poids auprès d'une partie tant foit peu confidérable de la Société, je n'aurois ni la force ni le courage de desobliger tous les Ouvriers. Je ne puis m'empêcher de rire lorsque je réfléchis à la variété des rudes fouffrances qui me feroient préparées par ces Gens, que le défir de la vengeance rendroit ingénieux. Chacun sans doute inventeroit quelque fuplice qui défigneroit emblématiquement mon crime. Si je n'étois pas fubitement poignardé par les canifs inutiles qu'on m'enfonceroit jufqu'aux manches dans tout mon corps, la Compagnie des Libraires me faifiroit pour m'enterrer vivant dans leur fale fous un tas d'A B C, d'Alphabets, & d'autres Livres dont les Enfans fe fervent pour apprendre à épeller & à orthographier; parce que j'aurois été caufe que ces Livres leur feroient reftés fur les bras. Ou bien on me mettroit dans un Moulin à Papier,

pour

pour y être moulu pendant la semaine qu'il seroit obligé de rester oisif à cause de mes Ecrits. Les Faiseurs d'Ancre, animés pour le Bien Public, s'offriroient en même tems à me tourmenter avec leurs astringens, & de me noïer dans la noire liqueur que je les aurois empêché de débiter; & il pourroit peut-être y en avoir une assez grande quantité, pour me faire mourir dans moins d'un mois. Si j'échappois à la cruauté de cette foule d'Ennemis réunis, j'aurois encore à essuïer le ressentiment redoutable d'un Monopoleur. Bientôt je me verrois accablé & assommé avec les petites Bibles déjà garnies de leton pour mon malheur, qui deviendroient inutiles à toute autre chose, dès-que les Instructions charitables viendroient à cesser. Les exercices seroient véritablement polémiques.

Cette digression, quelque extravagante qu'elle puisse paroître à un sévère Censeur, qui traite tout enjoûment d'impertinence, n'est point encore finie. J'ai à me disculper très-sérieusement de l'accusation réelle qu'on fera contre moi. Il est à propos que je prouve que je n'ai aucun dessein de détruire ni les Arts ni les Sciences. Par-là je dissiperai les craintes que les Directeurs des Collèges, & les autres Personnes qui cherchent à avancer les Sciences Humaines, pourroient avoir conçues, en voïant que je regarde l'Ignorance comme un un ingrédient nécessaire dans la Société Civile.

Je déclare donc prémièrement, que je voudrois qu'il y eut dans chaque Université, le double des Professeurs qu'il y a aujourd'hui. La Théologie est assez bien pourvue de Docteurs, mais les deux autres Facultés sont très-mal enseignées. La Médecine surtout manque de Professeurs. Chaque branche d'un Art si utile devroit avoir deux ou trois Docteurs, qui prissent la peine d'enseigner ce qu'ils auroient découvert. Un Homme vain a beaucoup d'occasion de faire briller son génie dans les Leçons Publiques ; mais d'un autre côté, les Instructions Particulières sont plus utiles aux Etudians. Les Professeurs doivent négliger ces prémières fonctions, & ne s'appliquer qu'aux secondes. La Pharmacie & la Connoissance des Simples sont aussi nécessaires que l'Anatomie & l'Histoire des Maladies. Il est honteux que des Gens qui ont reçu le Doctorat, & le droit sur la vie de leur Concitoïens, soient obligés de venir à *Londres*, pour s'instruire des Drogues & de la Composition des Remèdes, & de recevoir des instructions de Personnes qui n'ont jamais fréquenté d'Universités. Quel desordre n'est-ce point que dans cette Capitale, on trouve dix fois plus d'occasions de se perfectionner dans l'Anatomie, dans la Botanique, dans la Pharmacie, & dans la Pratique de la Médecine, que l'on n'en pour-

pourroit avoir dans nos deux Univerſités priſes enſemble ? Ira-t-on chez un Vendeur d'Huile acheter des Etoffes de Soie ? Les Merciers négociéront-ils en Jambons & en Marinade ? Si les choſes étoient bien règlées, les Hôpitaux feroient auſſi utiles aux Etudians en Médecine pour ſe perfectionner dans leur Profeſſion, qu'ils pourroient l'être aux Pauvres pour y recouvrer leur ſanté.

Le Bon Sens doit ſervir à diriger les Hommes dans les Sciences, auſſi-bien que dans les Arts. Perſonne ne ſera aſſez fou pour mettre ſon Fils chez un Orfèvre, s'il avoit deſſein d'en faire un Marchand de Toiles. Pourquoi donc donner un Théologien pour Précepteur, à un Jeune Homme qu'on deſtine à être Avocat ou Médecin ? Les Langues, il eſt vrai, la Logique, & la Philoſophie, font les prémiers principes requis également dans les trois Profeſſions. Mais il y a ſi peu de ſecours pour un Médecin dans nos Univerſités, qui ſont ſi riches, & qui entretiennent tant de Ventres pareſſeux pour boire, manger, & avoir des appartemens également magnifiques & commodes, que ſi ce n'étoit les Livres (avantage qui eſt commun aux trois Facultés) on pourroit tout auſſi bien acquérir à *Oxford* ou à *Cambridge* les qualités requiſes pour être Marchand en Turquie, que pour être Médecin. Or ſuivant mon petit ſentiment, c'eſt-là une forte preuve qu'une bonne partie des grandes

des richesses que possèdent ces Universités, ne sont pas aussi-bien appliquées qu'elles pourroient l'être.

Les Professeurs, outre les appointemens qui leur sont donnés par le Public, devroient avoir des gratifications de tous les Etudians qu'ils enseignent ; afin que l'intérêt se joignant à l'émulation & à l'amour pour la gloire, ils fussent plus efficacement animés au travail. Il faudroit qu'on appellât aux Chaires Professorales, les Personnes qui aïant les qualités nécessaires pour enseigner, excelleroient dans quelque Science, ou seulement dans quelque partie d'une Science, sans s'embarrasser de quel Parti, de quelle Secte, de quel Païs il seroit. N'importe qu'il fût blanc ou noir, il suffiroit que son habileté fût connue. Les Universités seroient alors des espèces de Foires, où l'on trouveroit toutes sortes de Sciences. Aux Foires de *Leipzig*, de *Francfort*, & des autres endroits d'*Allemagne*, établies pour se pourvoir des différentes Marchandises ou Denrées dont on a besoin, on ne s'embarrasse point si les Marchands sont Etrangers ou Citoïens. Les Gens s'y rendent de toutes les parties du Monde, tous y ont les mêmes privilèges.

Je serois d'avis qu'on exemptât de païer ces gratifications, tous les Etudians destinés au Saint Ministère. Il n'y a pas de Faculté qui soit aussi immédiatement nécessaire au Gouvernement d'une Nation que celle du Ministère. Il doit d'ailleurs y avoir un grand nombre de Théologiens dans cette Ile, ainsi je ne voudrois pas qu'on décourageât qui que ce soit de se vouer à cet Emploi. Je sai qu'il y a des Personnes riches, & même parmi la Noblesse, qui aïant plusieurs Enfans en destinent quelqu'un pour l'Eglise. On voit aussi des Personnes de bon sens, surtout parmi les Théologiens, qui par un principe de prudence élèvent leurs Enfans à cette Profession, lorsqu'ils peuvent espérer que par leurs amis & par leur crédit ils pourront leur procurer une bonne place d'Aggrégé dans quelque Collège, qui puisse les faire vivre honnêtement. Mais il faut avouer que ce n'est pas de ces Familles que nous viennent ces recrues de Théologiens qui reçoivent les Ordres chaque année. Nous sommes redevables à une Classe de Gens toute différente, du gros des Ecclésiastiques de ce Roïaume, comme on en conviendra dans l'instant.

Il se trouve parmi les Gens du moïen ordre, des Bigots qui sont remplis d'un respect superstitieux pour une Robe & une Soutane. C'est parmi ces Personnes qu'on voit tant de Pères & de Mères, qui ont un désir ardent d'avoir un Fils revêtu du Sacré Caractère. Ils ne s'embarrassent ni des talens de ce Fils, ni de ce qui pourra résulter de leurs désirs insensés. Les Mères surtout se repaissent chaque jour de l'al'agréable idée que leurs Fils, qui n'ont pas encore douze ans, seront un jour Ministres. L'amour maternel se joignant avec la dévotion, elles entrent dans des extases qui leur font répandre des larmes de joie, en pensant au futur plaisir qu'elles recevront de les voir, dans une Chaire, prêcher la Parole de Dieu. C'est à ce zèle religieux, qui est mis au nombre des Foiblesses Humaines, que nous sommes redevables de ce grand nombre de pauvres Gens qui heureusement étudient parmi nous. Je dis heureusement, puisque sans ces désirs des Mères & des Pères de basse condition, il ne seroit pas possible que ce Roïaume, où les Bénéfices Ecclésiastiques sont si chetifs, pût être fourni du quart des Ministres dont il a besoin. D'où voudroit-on en effet les tirer, que de ces Familles ? Y a-t-il quelque Mortel qui pût vivre des chetives pensions attachées aux Cures, s'il a été seulement élevé dans la médiocrité. Il faudroit pour cela qu'il possédât une vertu réelle, qu'il y auroit de l'extravagance à attendre d'un Ecclésiastique plutôt que d'un Laïque.

Les soins que je prendrois pour avancer cette branche du Savoir, qui est plus immédiatement utile à la Société, ne m'en feroit pas négliger les autres parties plus curieuses & plus polies. Si la chose dépendoit de moi, tous les Arts Libéraux, & toutes les Parties de la belle Littérature seroient beaucoup plus encouragées qu'elles

les ne le font aujourd'hui. Dans chaque Comté † il y auroit un beau Collège, ou même davantage, pour y enseigner le *Grec* & le *Latin*. Chacun de ces Collèges auroit six Classes, où il y auroit des Maîtres particuliers. Il faudroit que ces Etablissemens, qui se feroient aux frais du Public, fussent sous l'inspection de quelque Homme de Lettres élevé en autorité. Leur Rectorat ne seroit pas simplement titulaire, mais ils devroient prendre effectivement la peine d'entendre, deux fois par an, les examens qui dans chaque Classe seroient faits par les Maîtres, sans qu'il leur fût permis de juger des progrès des Disciples sur des thêmes, & d'autres épreuves qu'ils n'auroient point vus.

En même tems j'abolirois cette multitude de petits Collèges, ou Ecoles qui n'auroient jamais été fondées, si les Maîtres n'avoient pas été réduits à la dernière misère.

C'est une erreur vulgaire, que l'on ne sauroit bien orthographier ni écrire purement notre Langue, si l'on n'a point une petite teinture de *Latin*. Ce sont des Pédans qui soutiennent cette opinion pour leur propre intérêt; les plus pauvres d'entr'eux à tous égards, en sont les plus zèlés Défenseurs. On les croit bonnement,

quoi-

---

† Il y a quarante Comtés en *Angleterre*, & trente-cinq en *Ecosse*.

quoique l'abſurdité de leur ſentiment ſoit évidente. Pour moi, j'aſſure que je connois quantité de Perſonnes de l'un & de l'autre Sexe, qui orthographient parfaitement bien, quoiqu'elles n'aïent jamais étudié le *Latin* : & je ne ſerois pas fort embarraſſé à nommer bien de prétendus Savans, & des Gens qui ont fréquenté les Ecoles Latines pendant pluſieurs années, qui font les fautes les plus lourdes, & de Grammaire, & d'Orthographe.

Il eſt abſolument néceſſaire que ceux qui ſe deſtinent à quelqu'une des trois Facultés poſſèdent parfaitement le *Latin*. Ceux même qu'on élève pour être Procureurs, Chirurgiens ou Apoticaires, devroient être plus verſés dans cette Langue qu'ils ne le font généralement. Mais n'eſt-ce pas perdre ſon tems, ſon argent, & ſa jeuneſſe, que d'apprendre le *Latin*, lorſqu'on eſt appellé à gagner ſa vie dans quelque métier, ou quelque occupation, où cette Langue eſt tout-à-fait inutile. Dès qu'on entre dans les Affaires, on oublie bientôt ce que l'on a apris dans ces petites Ecoles ; & ſi l'on en conſerve quelque choſe, c'eſt un air de fatuïté, de pédantiſme, & d'impertinence, qui ne ſert qu'à nous rendre incommodes dans tous les lieux où nous nous rencontrons. Il eſt peu de Perſonnes qui aïent aſſez de force & d'attention ſur eux-mêmes, pour s'empêcher de concevoir de l'eſtime pour leur cher individu, à l'occaſion des connoiſſances

fances qu'ils ont acquifes. De quel fond furtout de modeftie & de difcrétion n'ont-ils pas befoin, pour empêcher que ces phrafes indigeftes de *Latin* dont ils fe fouviennent, ne les rendent ridicules à ceux qui les entendent?

Suivant mon plan, il faudroit traiter la Lecture & l'Art d'écrire, à peu près comme nous traitons la Mufique & la Danfe. Je voudrois qu'on ne les empêchât, ni ne les encourageât. Pendant qu'il y aura quelque chofe à gagner à enfeigner ces Arts, on trouvera toujours des Maîtres de refte qui les enfeigneront.

Il n'y auroit que ceux qui étudient pour l'Eglife, qui aprendroient pour rien les Sciences dont ils ont befoin. Encore entendrois je qu'ils païâffent pour aprendre à lire & à écrire. Si les Pères & les Mères font affez pauvres pour n'être pas en état de donner à leurs Enfans ces prémiers Elémens, il y auroit une grande imprudence à eux d'afpirer à quelque chofe de plus élevé.

On devroit auffi encourager les Gens de la plus baffe condition à donner à leurs Enfans cette partie de l'éducation, en préférant conftamment ces Enfans ainfi élevés, à ceux des Ivrognes, des Fainéans, des Fripons & des Scélérats, qui n'ont jamais fu d'autre moïen de fe procurer de méchans haillons, que de mendier. Au lieu qu'aujourd'hui, fi l'on a befoin, pour quelque petit fervice, d'un Garçon ou d'ud'une Fille, on se croit obligé d'emploïer quelqu'un des Enfans de l'Ecole de Charité, préférablement à tout autre. Le choix qu'on fait des Enfans pour être reçus dans ces Ecoles, semble être une récompense qu'on accorde pour l'ordinaire aux plus vicieux & aux plus paresseux. Des Pères & des Mères dont la honteuse négligence devroit leur attirer des punitions exemplaires, ont la satisfaction de voir qu'on les décharge du soin d'une Famille. Ici vous entendez un Homme à moitié ivre faisant des imprécations contre soi-même, qui demande une seconde dose de liqueur forte. "Parce, *dit-il*, qu'on ,, pourvoit son Garçon d'habits, & qu'il ,, va à l'Ecole pour rien." Là, vous verrez une Femme qui est réduite à la dernière misère par sa paresse, sans avoir jamais rien fait pour rémédier à ses besoins, que de les déplorer dans une boutique où l'on vend des liqueurs distilées. Pour la récompenser de son affreuse fainéantise, des Gens charitables ont soin de son Enfant.

Si tous ceux qui par leur industrie peuvent envoïer leurs Enfans à l'Université sont bien instruits, il y aura assez de Savans pour fournir cette Ile. J'en dis de même de tous les autres païs de l'Europe. Jamais on ne manquera de Personnes qui sachent lire, écrire & chiffrer, quand même il n'y auroit qui que ce soit qui aprît ces Arts, que ceux qui pourroient païer leurs Maîtres.

tres. Il n'en est pas des Belles-Lettres comme des Dons du Saint Esprit. On peut se les procurer par argent. Il n'est pas même impossible, si nous en croïons le Proverbe, de se procurer de l'esprit.

J'ai cru qu'il étoit nécessaire de m'étendre sur cet article, afin de prévenir les clameurs de ceux qui Ennemis de la Vérité & de la Probité, m'auroient représenté comme un Homme qui condamnant toute espèce de Sciences & de Connoissances utiles, ne cherchoit qu'à répandre d'une manière impie l'ignorance & la stupidité. J'ai promis de répondre aux Objections que pourroient me faire les Protecteurs des Ecoles de Charité : c'est ce que je vai exécuter présentement.

Ils diront qu'en élevant avec soin ces Enfans, ils se proposent de les mettre en état de vaquer à quelque occupation pénible, & qu'ils n'ont aucun dessein de leur inspirer l'oisiveté.

Il semble que j'ai suffisamment répondu à cette Objection, en montrant que l'occupation d'aller à l'Ecole étoit une véritable inaction, une oisiveté réelle, en comparaison du travail d'un Artisan ou d'un Laboureur. Si j'ai rejetté cette espèce d'Education, c'est qu'elle rend incapables les Enfans du Pauvre de s'attacher dans la suite à quelque travail de leur ressort : Lot dont ils ne doivent ni se plaindre ni murmurer, pourvu qu'on agisse envers eux avec prudence & avec huma-

humanité. Il ne me reste donc plus qu'à parler de la manière dont on s'y prend pour leur faire apprendre des Métiers. Dans ce but je tâcherai de prouver que par-là on rompt l'harmonie qui doit règner dans la Nation, & que la plupart de ces impertinens Directeurs se mêlent de choses qu'ils n'entendent point.

Examinons pour cet effet la Nature de la Société, & les différentes choses qui doivent y entrer pour lui donner la force, la beauté & la perfection nécessaires. Il est incontestable que dans une Nation, le travail qu'occasionnent les besoins réels, le luxe, l'amour de l'aise & la délicatesse, est prodigieux : cependant ces occupations, quelqu'excessives qu'elles soient, ne sont point infinies. Mais si vous y en ajoutiez une seule, elle seroit inutile & superflue. Un Marchand qui auroit à *Chéapside* * une belle boutique richement pourvue de Turbans, n'y feroit sans-doute pas fort bien ses affaires. Aujourd'hui que le Culte de Diane est hors de mode, Démétrius, & tout autre Orfèvre se ruîneroit bientôt, s'il ne faisoit que des Chasses de cette Déesse. Or il y a tout autant de folie à un Ouvrier de faire plus d'ouvrage que l'on n'en consume, & qu'il ne s'en débite, que d'établir & d'inventer des Métiers dont personne ne se servira. Dans l'état où sont
les

* C'est une des rues les plus belles & les plus spacieuses de *Londres*.

les choses parmi nous, il seroit ridicule d'établir autant de Brasseries qu'il y a de Boulangeries; il y auroit de l'extravagance, s'il y avoit autant de Drapiers que de Cordonniers. Le nombre qu'il doit y avoir d'Ouvriers dans chaque Métier, se détermine si bien de lui-même, que la proportion n'est jamais mieux observée que lorsque personne ne s'en mêle.

Les Pères qui ont des Enfans qui doivent gagner leur vie, ne cessent de consulter & d'examiner quel métier, ou quelle occupation ils leur donneront, jusqu'à ce qu'ils aïent pris à cet égard une résolution fixe & déterminée. Il se trouve mille Personnes, qui presque incapables de penser à tout autre chose, réfléchissent mûrement sur celle-là.

D'abord ils se bornent à l'état où ils sont, ils pensent aux circonstances dans lesquelles ils se trouvent placés. S'ils ne peuvent consacrer pour leur Fils que dix livres sterling, ils ne le destineront pas à un Art, ou à un Métier dont l'apprentissage seul coute cent pièces.

Leur attention se tourne ensuite du côte des objets de leur compétence qui sont les plus avantageux. De sorte que s'il y a quelque occupation, qui pour-lors fournisse plus facilement du travail, il se trouvera dix Pères empressés à y vouer leurs Fils.

Or tous les Métiers se plaignent aujourd'hui qu'ils manquent d'occupation, &

qu'il y a trop de Personnes pour exécuter les commissions qu'on reçoit. Peut être ont-ils raison. Ne faites-vous donc pas manifestement tort à ces Métiers, auxquels vous ajoutez plus d'Ouvriers & de Membres, que la Nature de la Société n'en demande ? C'est-là cependant ce que font les Directeurs des Ecoles de Charité, qui tirent de ces Écoles des recrues pour entrer dans des Métiers qui ont déjà plus d'Ouvriers qu'il ne leur en faut.

D'ailleurs, ces Directeurs ne s'embarrassent point quel est le meilleur Métier. Ils cherchent uniquement un Artisan qui veuille se charger d'un Aprenti pour une certaine somme. Remarquez même que des Artisans riches qui seront habiles dans leur métier, ne voudront point prendre chez eux des Enfans. Ils craignent trop d'avoir quelque chose à démêler avec leurs Parens, qui vivent dans la dernière misère. D'où il suit évidemment que ces Enfans ont pour l'ordinaire des Maîtres ivrognes, négligens, pauvres & peu habiles, qui contens de tirer l'argent de l'aprentissage, ne se mettent pas fort en peine des progrès ni de la conduite de ceux qu'on leur confie. Ces Ecoles paroissent donc uniquement propres à entretenir & à former une pépinière d'Indigens, qui en leur tems reviendront les peupler.

Lorsque le Commerce & les Arts ont trop de mains qui s'y appliquent, c'est une marque certaine qu'il y a dans le tout quel-

quelque dérangement: car il seroit impossible qu'il y eût trop de monde, si le païs est capable de le nourrir. Si les provisions & les denrées sont trop chères, d'où en vient la faute ? Ce n'est pas au terrein qu'il faut l'attribuer, puisqu'il y a des terres non cultivées.

Dira-t-on que pour augmenter l'abondance, il n'y auroit qu'à ruïner peu à peu les Fermiers, ou à diminuer les rentes dans toute l'*Angleterre* ?

Ce n'est point ainsi que l'on peut remédier à ce mal. On y rémédieroit bien plus efficacement, en redressant l'inconvénient dont le Laboureur se plaint. Les Fermiers, les Jardiniers & les autres Ouvriers qui s'appliquent à des travaux pénibles & vils, ne peuvent plus trouver de Domestiques pour le prix qu'ils leur donnoient autrefois. Un Homme qui travaille à la journée, trouve qu'il n'a pas assez, lorsqu'on lui donne seize sous, pour faire un ouvrage que son Père faisoit il y a trente ans avec plaisir pour la moitié.

Pour ce qui est des rentes, il est impossible qu'elles tombent, tandis que vous augmentez le nombre de ceux qui consument les Denrées. Le prix des Denrées, & tout le travail en général, doit baisser & diminuer proportionnément à la diminution de ces bouches.

Un Homme qui a cent cinquante livres sterling de rente, auroit tort de se plaindre que son revenu a été réduit à cent livres, si avec cette dernière somme il peut se procurer autant d'agrémens qu'il auroit pu s'en procurer avec deux-cens.

Il n'y a pas dans l'Argent de valeur intrinseque, le prix peut varier suivant les tems. Qu'une guinée vaille vingt livres ou un schelling, c'est la même chose. Le travail du Pauvre, comme je l'ai déjà dit, & non le prix de l'Argent, procure tous les plaisirs & les agrémens de la vie. Ainsi nous pourrions jouïr d'une beaucoup plus grande abondance que celle dont nous jouïssons. Il n'y auroit qu'à cultiver la Pêche & l'Agriculture: mais bien loin d'être en état de nous emploïer à ces occupations, à peine avons-nous assez de Pauvres pour faire ce qui est absolument nécessaire pour notre subsistance. L'Equilibre est rompu dans l'Etat. Le Peuple qui travaille, ou le Pauvre qui ne connoit autre chose que sa profession, est en trop petit nombre, en comparaison des autres parties. Pour un Marchand vous trouvez dix Teneurs de Livres, ou du moins Gens qui se disent tels, tandis qu'à la Campagne les Fermiers manquent d'Ouvriers. Si vous cherchiez un Laquais qui eût servi pendant quelque tems dans une maison de façon, vous en trouveriez dix qui ont été Bouteillers. Vous pouvez avoir des Femmes de Chambre par vingtaines, tandis qu'il vous faut des gages extraordinaires pour un Cuisinier.

Il n'est personne qui pouvant s'en passer,
s'ap-

s'applique jamais à quelque ouvrage bas & servile. Cela est fort naturel. Mais cela fait voir que les Gens du plus bas ordre sont trop savans pour nous être utiles, autant qu'ils le devroient. Les Domestiques demandent déja plus que leurs Maîtres & leurs Maîtresses ne peuvent leur donner. Quelle fureur nous possède donc de les y encourager, en augmentant avec soin & à nos frais cette connoissance, qu'ils ne manqueront pas de nous faire païer une seconde fois!

Ce ne sont pas les seules Personnes qui élevées à nos dépens, abusent des connoissances que nous leur avons procurées. Voïez ces Païsanes neuves & ignorantes, & ces Païsans grossiers; nous en sommes les dupes. L'éducation que nous prenons la peine de procurer aux prémiers, engagent ceux ci à se prévaloir de la rareté des Domestiques, en leur faisant demander des gages considérables, tels qu'on les devroit donner à ceux seulement qui entendent bien le service, & qui ont presque toutes les bonnes qualités qu'on peut exiger de ces sortes de Gens.

Dans le Monde il n'y a point d'endroit où les Domestiques soient mieux tournés, & plus habiles à faire un message, ou à exécuter une commission, que le sont quelques uns de nos Laquais. Mais dans le fond, à quoi sont ils bons? On ne peut pas s'y fier, puisque la plus grande partie sont des Fripons. Parmi ceux qui sont honnêtes

nêtes gens, la moitié se trouvera être des mal-adroits, qui s'enivreront encore trois ou quatre fois par semaine. Les Valets les plus sûrs & les meilleurs, sont généralement querelleux & insolens. Le courage passe chez eux pour la qualité la plus estimable. S'agit-il de donner des preuves de leur valeur, aucune considération ne peut les arrêter; ils ne s'embarrassent point de salir leurs habits, ni de tous les maux qu'ils peuvent occasionner. Pour ceux qui ont le naturel bon, ce sont ordinairement des gens qui courent la Gueuse, & qui gâtent toutes les Servantes qu'ils approchent. Plusieurs Domestiques sont même coupables de tous ces vices. Ils sont tout-à-la-fois paillards, ivrognes & querelleux.

Cependant si ce sont des Drolles bien faits, & qui sachent servir leurs Maîtres avec adresse & avec respect, on ne fera point attention à tous ces défauts. On croira même fort aisément, que ce sont des gens dont on a absolument besoin. O Folie impardonnable! puisqu'elle tend nécessairement à la perdition totale des Domestiques.

Il y en a fort peu qui exempts de ces défauts, entendent bien le service. Par-là même qu'ils sont rares, de cinquante il n'y en a pas un qui ne se taxe à un prix exorbitant. Quoique vous lui donniez des gages excessifs, il ne trouvera jamais qu'il ait assez. Dans tout ce qui se con-

consume à la maison, il faudra qu'il ait ses tours de bâton. Si les profits qu'il a ne suffisent pas pour entretenir une famille assez considérable, il ne voudra pas rester chez vous. L'eussiez-vous même ramassé de la boue, tiré d'un hôpital ou d'une prison, la reconnoissance ne l'engagera jamais à demeurer plus long-tems dans votre maison, qu'il n'y seroit resté si vous ne lui aviez point rendu de service. Vous ne pourrez le garder que durant le tems qu'il tirera du poste qu'il occupe chez vous, ce qu'il croit mériter, conformément à la trop bonne idée qu'il a de lui-même. Que dis-je! Le meilleur & le plus poli même des Domestiques, qui n'aura jamais donné de preuves, ni de pétulance, ni d'arrogance, quitera le Maître le plus indulgent, dès-qu'il pourra trouver mieux. Pour pallier son départ, il fabriquera cinquante excuses; & pour les rendre plus vraisemblables, il ne se fera pas de peine de mentir. Un Aubergiste qui tient un Ordinaire où l'on paie demi-écu, ou douze soux par tête, n'est pas plus soigneux à tirer ce prix de ses Pratiques, qu'un Laquais l'est à attraper de l'argent de ceux que son Maître a invité à dîner ou à souper. Je suis même fort porté à croire que ce Domestique s'imagine que chaque Convive, suivant sa qualité, doit lui païer un shelling, ou un demi-écu, aussi bien que s'ils avoient mangé à l'Auberge.

Si une Personne qui tient ménage n'est
pas

pas en état de donner souvent des regals, & d'inviter ordinairement des gens à sa table, il est sûr de ne pouvoir trouver des Domestiques qui lui fassent honneur. Il sera ainsi forcé à se faire servir par quelque Nigaud de la Campagne, ou par quelqu'autre Mal-adroit, qui le plantera-là dès-que déniaisé par ces Faquins de Valets, il se croira propre à entrer dans le service de quelqu'autre Personne. Les fameuses Auberges, & tous les endroits qu'un grand nombre de Gentilshommes fréquentent, soit pour le plaisir, soit pour leurs affaires, surtout ceux qui sont situés dans le territoire de *Westminster-Hall* †, tous ces lieux sont d'excellentes Ecoles pour les Valets. C'est-là où les Esprits les plus pesans peuvent acquérir de la vivacité, & apprendre tout-à-la-fois à se débarrasser, & de leur stupidité, & de leur innocence. Ce sont de véritables Académies pour les Laquais. Des Professeurs expérimentés dans le Libertinage le plus honteux, y font tous les jours des Leçons publiques sur ces sortes de Sciences. On y instruit les Etudians dans plus de sept-cens Arts, qui ne sont rien moins que Libéraux. On leur apprend la manière dont il faut s'y prendre pour tromper, pour en imposer, & pour découvrir le foible de leurs Maîtres. Leur application est si grande, que dans peu d'années ils
sont

___

† C'est le Quartier de la Cour.

font gradués en Iniquité. Lorsque de jeunes Gentilshommes, qui ne connoiſſent pas encore bien le Monde, ont de ſi habiles Fripons à leur ſervice, ils ſont ordinairement trop indulgens. Crainte de découvrir leur manque d'expérience, à peine ôſent-ils contredire ces Faquins, ou refuſer ce qu'ils demandent. En leur accordant ainſi des privilèges ſi déraiſonnables, ils manifeſtent leur ignorance, dans le tems même qu'ils cherchent le plus à la cacher.

„ Vos plaintes, *diront peut-être quelques*
„ *Perſonnes*, ne ſont point fondées. N'a-
„ vez-vous pas dit que le Luxe ne pou-
„ voit faire aucun tort à une Nation ri-
„ che, dès-que les Marchandiſes qui en-
„ trent dans le Païs, n'excèdent jamais
„ en valeur, celles qui en ſortent?" Ce que je viens de blâmer, ne peut pas être mis avec raiſon ſur le compte du Luxe, puiſque c'eſt réellement un acte de Folie. Un Homme riche peut prendre ſes aiſes & ſes plaiſirs juſqu'à l'excès. Il peut jouïr de ce Monde, quelque peine & quelque dépenſe qu'il lui en coute, pourvu qu'en même tems il paroiſſe du bon ſens dans tout ce qu'il fait. Mais rien de ſemblable ne peut être dit de celui qui a ſoin de mettre ſes Domeſtiques hors d'état de lui rendre les ſervices qu'il en attend. Le trop d'argent, les gages exceſſifs, & les profits déraiſonnables, gâtent ſurtout les Domeſtiques en *Angleterre*. Qu'une Perſonne ait vingt-cinq chevaux dans ſes écuries,

euries, on ne peut pas dire qu'il soit atteint de folie, dès que les circonſtances où il ſe rencontre le lui permettent. Mais s'il n'en tient qu'un, & que pour faire parade de ſes richeſſes, il lui donne trop à manger, je ſoutiens qu'il a perdu l'eſprit. Lorsque les Domeſtiques païent ce que leurs Maîtres doivent aux Marchands, les uns tirent le trois, & d'autres le cinq pour cent. N'eſt-ce pas une extravagance que de le ſouffrir ? Les Horlogers, & les autres Marchands qui vendent des Bijoux, des Colifichets inutiles, ne l'éprouvent que trop à leur perte. Les Perſonnes de diſtinction achettent-elles quelque choſe de ces Marchands de Galanteries, il ſeroit au-deſſous de leur qualité de leur donner elles-mêmes l'argent. On peut tolérer qu'un Domeſtique reçoive un préſent quand on le lui offre; mais qu'il le reclame comme une choſe due, & que ſi on le lui refuſe il diſpute pour l'avoir, c'eſt une impudence impardonnable. Puisqu'on fournit aux Domeſtiques toutes les choſes néceſſaires à la vie, ils n'ont donc point beſoin d'argent. Il leur eſt même nuiſible, à moins qu'ils n'en amaſſent pour des tems de maladie ou de vieilleſſe. Mais c'eſt ce qui arrive rarement parmi nos *Galopins*. Dans ce cas même, l'argent les rend inſolens & inſupportables.

On m'a aſſuré qu'un tas de Laquais avoient été aſſez inſolens pour former une Sociétété. Je crois même la chose assez vraisemblable. Ces Faquins ont fait des loix, par lesquelles ils s'obligent de ne pas servir pour moins d'une certaine somme, de ne point porter de fardeau, ou de paquets, excédant le poids de deux ou trois livres. Je ne fais point mention de plusieurs autres règlemens directement opposés à l'intérêt de ceux qu'ils servent, & entièrement contraires à l'usage pour lequel ils sont destinés. Si quelqu'un de ces Valets reçoit son congé pour avoir exactement suivi les ordres de cette honorable Confraire, les autres devront en avoir soin jusqu'à ce qu'il ait trouvé une autre condition. Si quelqu'un prétend frapper, ou obliger MONSIEUR SON LAQUAIS à faire quelque chose de contraire aux Statuts de la Société, ils ont fait un fond pour intenter un procès au Maître, & pour le poursuivre en justice. Si la chose est réelle, comme j'ai raison de le croire, & qu'on leur permette encore de consulter ensemble, afin de pourvoir à leurs aises & à leurs commodités, bientôt nous pouvons espérer de voir tout de bon représenter dans la plupart des Familles cette Comédie Françoise, intitulée *Le Maître, le Valet*. Si l'on ne prévient de bonne heure leur dessein, & qu'ils continuent à s'assembler impunément, leur nombre augmentera. Alors ils pourront en faire une *Tragédie*, quand ils le trouveront à propos.

Mais supposons que ces craintes soient
fri-

frivoles & deſtituées de fondement, il eſt cependant inconteſtable que les Domeſtiques en général empiètent tous les jours ſur les droits de leurs Maîtres & de leurs Maîtreſſes, & qu'ils cherchent à ſe mettre plus de niveau avec eux. Extrêmement attentifs à profiter de toutes les occaſions propres à relever la baſſeſſe de leur condition, leurs ſoins n'ont pas été infructueux. Déjà la plupart du monde les eſtime beaucoup plus que l'on ne devroit naturellement, & que le Bien Public ne l'exigeroit. Je ne dis point que les Ecoles de Charité ſoient l'unique cauſe de ces malheurs. Ils peuvent être attribués en partie à bien d'autres maux. *Londres* eſt une Ville trop grande pour le Païs, & à pluſieurs égards nous manquons à nous-mêmes. Mais quand même mille vices concourroient à produire les inconvéniens dont nous nous plaignons aujourd'hui, peut-on douter que les Ecoles de Charité n'y contribuent, dès-que l'on réfléchira ſur ce que j'ai dit? Du-moins il y a plus d'apparence qu'elles ſervent plutôt à cauſer ces ſortes de maux, qu'à les prévenir, ou à les diminuer.

L'unique raiſon de poids qu'on puiſſe alléguer en faveur des Ecoles de Charité, c'eſt qu'on y élève pluſieurs milliers d'Enfans dans la Foi Chrétienne, & dans les Principes de l'Egliſe *Anglicane*. Comme je hais les répétitions, je prie le Lecteur de vouloir bien jetter les yeux ſur ce que

j'ai

j'ai dit ci-devant, s'il fouhaite de fe convaincre de la foibleffe de ce raifonnement fpécieux. D'ailleurs, fi dans ces Ecoles on inftruit les Enfans de ce qui leur eft néceffaire pour obtenir le falut, le Pauvre laborieux ne pourroit-il pas auffi-bien apprendre ce qu'il doit favoir de Religion, en écoutant un Sermon, ou un Catéchisme? Le plus pauvre même de la Paroiffe, qui ne feroit point hors d'état de marcher, devroit à mon avis aller régulièrement tous les *Dimanches* à l'Eglife, & dans les autres endroits où l'on célèbre le Service Divin. Le Jour du Dimanche a été plus particulièrement confacré entre les fept qui compofent la femaine, pour être emploïé au Service Divin, & aux Exercices Religieux, & pour fe repofer de tout travail corporel. Tous les Magiftrats font indifpenfablement obligés de donner une attention particulière fur la manière dont il eft fanctifié. Il faut furtout obliger les Pauvres & leurs Enfans à aller à l'Eglife le matin & le foir, puifqu'ils n'ont pas d'autre tems pour vaquer à ces facrés devoirs. Dès leur enfance on doit les y encourager, & par des exhortations, & par des exemples. Il fera néceffaire de leur faire envifager la négligence volontaire des Exercices Religieux, comme fcandaleufe. Si cependant la contrainte que je propofe paroiffoit trop violente & impraticable, il faudra tout au moins pour ces jours-là interdire, fous de rigoureufes peines, tous les Divertiſſemens, & empêcher que les Pauvres n'aillent prendre dehors des plaiſirs qui puiſſent les ſéduire & les détourner de la pratique du devoir que je recommande.

Après que les Magiſtrats auront fait tout ce qui dépend d'eux, les Miniſtres de l'Evangile peuvent inſpirer aux Eſprits les plus bornés, des principes de Piété, de Dévotion, de Vertu & de Religion, qui ſeront beaucoup plus ſolides que ce que les Ecoles de Charité ne l'ont jamais été, ni ne le ſeront. Les Eccléſiaſtiques qui, placés dans ces circonſtances, ſe plaignent qu'ils ne peuvent pas donner à leurs Paroiſſiens, ſans qu'ils ſachent lire & écrire, les connoiſſances qui leur ſont néceſſaires en qualité de Chrétiens, ſont ou gens fort pareſſeux, ou de francs ignorans qui n'ont aucun mérite.

Les plus ſavans ne ſont certainement pas ceux qui ont le plus de Religion. Pour s'en convaincre, on n'a qu'à examiner les Perſonnes dont les lumières ſont bien différentes. Quoiqu'aujourd'hui on n'oblige pas, comme on le pourroit, le Pauvre & l'Idiot à fréquenter les Saintes Aſſemblées, prenons ſans faire aucun choix cent Pauvres, qui aïant quarante ans paſſés ſoient accoutumés dès leur enfance à faire des ouvrages pénibles. Je ſuppoſe encore que ces Gens-là n'aïent jamais été à l'Ecole, & qu'ils ſoient toujours demeurés dans les lieux éloignés & des Grandes Vil-

Villes, & des Endroits où l'on peut acquérir quelques connoissances. Comparons ces Ignorans à un pareil nombre de Doctes, qui auront tous fait leurs études à l'Université. Que la moitié de ceux-ci soient même, si vous le voulez, des Théologiens bien versés dans la Philologie & dans la Doctrine Polémique. Après quoi, examinons sans partialité la vie & la conduite que mènent ces deux sortes de Personnes. J'ôse bien assurer que parmi les prémiers, qui ne savent ni lire ni écrire, on trouvera plus d'union & d'amour fraternel, moins de corruption & d'attachement au Monde, plus de contentement d'esprit, plus d'innocence, plus de sincérité, sans compter plusieurs autres bonnes qualités qui conduisent à la Tranquilité publique & à une Félicité réelle, que l'on n'en rencontrera parmi les derniers. Au contraire, nous verrons régner parmi ceux-ci la vanité & l'insolence au suprême degré, des querelles & des dissensions éternelles, des haines irréconciliables, des contestations, l'envie, la calomnie, & bien d'autres vices tout-à-fait opposés à une concorde mutuelle : défauts dont le Pauvre ignorant & laborieux n'est presque jamais atteint à quelque degré tant soit peu considérable.

Je suis très-persuadé que ce que je viens de dire dans le dernier paragraphe, n'est pas nouveau pour la plupart de mes Lecteurs. Mais si c'est une vérité, pourquoi donc

donc la celer ? Pourquoi l'intérêt que nous prenons à la Religion, sert-il toujours de manteau pour couvrir & des menées hypocrites, & des intentions mondaines ? Si les deux Partis † qui divisent malheureusement ce Roïaume, convenoient une fois de mettre bas le masque, bientôt nous découvririons que tout ce qu'ils se proposent en fondant des Ecoles de Charité, consiste principalement à fortifier leurs Partis. En élevant ainsi les Enfans dans les principes de la Religion, les zèlés Partisans de l'Eglise ont en vue d'inspirer à ces jeunes Plantes, tendres & flexibles, une suprême vénération pour le Clergé de l'Eglise *Anglicane*, jointe à une extrême aversion, & à une animosité immortelle pour tous ceux qui auront des sentimens différens. Pour se convaincre de la réalité de ces intentions, considérons d'un côté quels sont les Théologiens les plus ardens à prêcher sur la Charité, & quels sont ceux qu'on admire le plus pour ces sortes de Sermons. De l'autre côté faisons attention que les Enfans d'un fameux Hôpital de cette Ville se sont toujours montrés pour les principaux Chefs des Emeutes, ou des Divisions de Parti, qui depuis quelques années se sont élevées parmi la Populace.

Les

---

† Les *Episcopaux* & les *Presbytériens*, qui sont malheureusement divisés en *Angleterre*.

Les grands Protecteurs de la Liberté, qui font toujours occupés à empêcher l'établissement du Pouvoir Arbitraire, souvent même lorsqu'il n'y a rien à craindre de semblable, ne font pas, généralement parlant, fort superstitieux. Ils ne paroissent pas non plus faire grand cas de ces Apôtres modernes. Malgré cela, on voit quelques-uns de ces illustres Défenseurs de la Patrie parler hautement en faveur des Ecoles de Charité : mais les avantages qu'ils prétendent en retirer, n'ont aucun rapport avec ce qui concerne ou la Religion, ou les Bonnes Mœurs. Ils regardent uniquement ces sortes d'établissemens, comme les moïens les plus propres pour détruire le pouvoir du Clergé, & pour empêcher qu'il ne surpasse celui du Peuple. Il est certain que la Lecture & l'Ecriture servent à augmenter les lumières des Hommes, & que plus ils sont savans, mieux ils sont en état de juger des choses par eux-mêmes. Ils s'imaginent donc que si le savoir pouvoit devenir universel, jamais le Peuple ne se laisseroit gouverner par les Prêtres : danger dont ils ont le plus de peur.

Il est très-probable, je l'avoue, que les prémiers, je veux dire les Prêtres & tous ceux qui appuïent leurs intérêts, parviendront à leur but, & avanceront le crédit du Clergé. Mais pour avancer uniquement l'ambition & le pouvoir de ces Corps, doit-on souffrir ce grand nombre d'inconvéniens

véniens que les Ecoles de Charité peuvent occaſionner ? C'eſt ce que ne croiront point les Perſonnes véritablement prudentes, qui ne ſont ni tout feu pour un Parti, ni bigots pour les Prêtres.

Pour les derniers, ils ne doivent point s'embarraſſer de ce que le Clergé peut produire ſur l'eſprit de l'Ignorant, qui eſt ſans éducation. On n'aura rien à craindre, dès-que toutes les Perſonnes qui peuvent être élevées aux frais de leurs Pères, de leurs Mères, ou de leurs Parens, voudront bien penſer par elles-mêmes. Alors elles ne s'en laiſſeront pas impoſer par les Prêtres. Ce ſera en vain qu'ils travailleront. Que nos Ecoles ſoient donc uniquement pour ceux qui païent leurs Maîtres. Il ſeroit ridicule en un mot de croire qu'en aboliſſant les Ecoles de Charité, on introduiſît dans le Roïaume quelque ignorance préjudiciable à la Nation.

Je ſerois fâché de paſſer dans le public pour cruel. Si je me connois tant ſoit peu, je ſuis aſſuré que j'abhorre l'inhumanité. Mais c'eſt une foibleſſe impardonnable d'être compâtiſſant juſqu'à l'excès, lorſque la Raiſon nous le défend, & que l'Intérêt général de la Société exige de la fermeté dans nos ſentimens & dans nos réſolutions.

On me fera ſans-doute cette Objection. ,, N'eſt-ce pas une barbarie que d'ôter aux ,, Enfans pauvres toutes les occaſions de ,, ſe faire connoître, & de s'avancer, tan-
,, dis

,, dis que Dieu ne les a exclus ni du bon-
,, fens naturel, ni du génie qu'il a accordé
,, aux Riches?" Rien n'eſt plus certain
que le Pauvre n'a point d'argent, quoiqu'il
ſoit tout autant porté à le dépenſer que
les autres. Or n'eſt-il pas tout auſſi dur
d'être privé de richeſſes qu'on pourroit
dépenſer, que d'être privé d'une éducation qu'on pourroit mettre à profit? Pour
moi je le trouve. Je veux donc bien a-
vouer que les Hôpitaux nous ont quelquefois donné de Grands Hommes, qui ont
été fort utiles à la Société. Mais il eſt
auſſi très-probable que parmi ceux qui
n'étoient point élevés par charité, on auroit pu en trouver d'auſſi capables pour
exercer ces mêmes Emplois: Gens qui, s'ils
avoient eu le même bonheur que les prémiers, auroient fait tout autant de bien
à la Nation.

On peut citer pluſieurs exemples de Perſonnes du Beau Sexe qui ont excellé
dans les Sciences, & même dans l'Art Mi-
litaire. Faudra-t-il pour cela que les Femmes quitent l'aiguille, & abandonnent leur
ménage, pour étudier le *Latin* & le *Grec*,
ou pour apprendre le Métier de la Guerre? La vivacité & le ſens-commun ne
ſont point rares parmi nos Inſulaires.
Peut-être n'y a-t-il point de Païs, ou de
Climat, qui puiſſe avec plus de juſtice ſe
glorifier de poſſéder des Créatures Humaines mieux formées & pour l'Ame &
pour le Corps, que notre Ile en produit?

H 4 Auſſi

Auſſi n'eſt-ce point du côté de l'eſprit, du génie, & de la docilité que nous manquons; mais du côté de la diligence, de l'application, & de l'aſſiduïté.

Si nous avons quantité d'ouvrages également pénibles & ſales à exécuter, il faut par conſéquent qu'il y ait parmi nous des Gens qui s'accommodent de cette ſorte de travail. Où trouverons nous une meilleure Pépinière de Gens pour ſuppléer à ces néceſſités, que parmi les Enfans des Pauvres? D'ailleurs ce que j'ai appellé des duretés, ne paroît pas tel, comme il ne l'eſt effectivement pas à ceux qui y aïant été élevés, ne connoiſſent point d'état plus heureux. Quelles ſont parmi nous les Perſonnes les plus contentes? Ce ſont certainement celles qui s'occupant aux ouvrages les plus pénibles, connoiſſent le moins la pompe & les délicateſſes de ce Monde.

Quoique ces vérités ſoient inconteſtables, je ne connois cependant qu'un très-petit nombre de Perſonnes qui voulûſſent qu'on les divulguât. La cauſe qui rend ces vérités odieuſes, c'eſt que la plupart du monde, ſurtout dans cette Nation, eſt porté ſans raiſon à avoir trop d'égards pour le Pauvre: inclination qui doit ſon origine à un mêlange de Pitié, de Folie, & de Superſtition. La manière vive dont ce compoſé agite les Hommes, fait qu'ils ne peuvent ni entendre, ni voir qu'on diſe, ou qu'on faſſe quelque choſe contre

le

le Pauvre. Cependant s'il y a de l'infolence & de la cruauté à faire du mal à ces misérables Créatures, il y a assurément de la justice à manifester leurs fautes & leurs dérèglemens.

Ainsi on ne doit point battre un Mendiant, quand même il vous frapperoit le prémier. Les Garçons-Tailleurs intentent des procès à leurs Maîtres. Ils sont même obstinés dans la mauvaise cause qu'ils ont entreprise. Il faut cependant en avoir pitié. Les Tisserands se plaignent-ils, on doit les assister? Pour leur complaîre, il faut même faire cinquante choses ridicules, quoiqu'au milieu de la pauvreté ils insultent leurs Supérieurs, & que dans toutes les occasions ils paroissent plutôt portés à célébrer les Jours de Fête dans la débauche, & à commettre des desordres, qu'à travailler, ou à pratiquer la sobriété.

Ceci me conduit naturellement à parler de ce qui concerne nos Laines. Considérant d'un côté les circonstances où nous nous trouvons, & de l'autre la conduite que tient le Pauvre, je crois que l'on ne doit point en permettre la sortie pour quelque sujet que ce soit. Nous pourrions examiner pourquoi il est si pernicieux à la Nation, de souffrir que l'on transporte cette marchandise dans les Païs étrangers; mais les plaintes amères que nous pourrions faire sur ce sujet, ne nous feroient pas grand honneur.

Combien de sortes de risques, & quels grands périls ne doit-on pas courir, avant que notre Laine soit embarquée, & arrivée sûrement au-delà de la Mer ? Avant que les Etrangers puissent les manufacturer, ne doit-elle pas leur revenir à un prix beaucoup plus haut qu'à nous ? Malgré cette grande différence dans les frais, ils peuvent cependant donner les Etoffes à meilleur marché que nous. Tel est le malheur dont nous gémissons. Tel est le malheur insupportable que nous éprouvons. Si tous nos Pauvres étoient emploïés comme il faut, & que l'on n'envoïât dehors que la Laine que nous ne pourrions pas manufacturer, alors la sortie de cette marchandise ne nous causeroit pas plus de préjudice, que le transport de l'Etaim ou du Plomb.

Il n'y a point de Peuples qui, comme nous, aïent amené à ce point de perfection les Manufactures de Laine, soit par rapport à la bonté de l'ouvrage, soit par rapport à la manière prompte dont nous l'expédions. Du-moins le fait est-il réel par rapport aux branches les plus considérables. Si donc nous nous plaignons, c'est uniquement de la manière dont nous dirigeons le Pauvre: manière qui est différente de celle des autres Nations. Supposons un Païs où les Ouvriers travaillent douze heures par jour, & six jours par semaine, tandis que dans un autre ils ne sont occupés que huit heures

par

par jour, & pas plus de quatre jours par semaine. Qu'en arrivera-t-il? C'est que dans celui-ci on sera obligé d'avoir neuf Personnes, pour faire ce que l'on exécute dans l'autre avec quatre. Supposons en second lieu que la nourriture, le vêtement, & en général tout ce que le Pauvre industrieux consume, ne coutent à ces quatre Ouvriers que la moitié de l'argent que les autres neuf doivent en païer; il suivra que les prémiers feront l'ouvrage de dix-huit hommes, sans qu'on leur donne plus d'argent qu'on n'en donneroit ailleurs à quatre Ouvriers. Par-là je ne prétens point dire, comme je ne le crois pas non plus, qu'entre nous & quelques-uns de nos Voisins, il y ait une aussi grande différence dans l'assiduité des Ouvriers, dans leur manière de vivre, & dans la cherté des Denrées. On doit cependant considérer que la moitié de cette différence, beaucoup moins même, suffit pour emporter la balance, malgré tous les frais qu'ils sont obligés de faire pour se procurer de la Laine.

Lorsqu'une Nation égale pour le moins ses Voisins dans l'adresse, dans la vitesse, & dans sa situation avantageuse pour le travail, je demande qu'est-ce qui peut permettre à ces Voisins de vendre à meilleur marché la marchandise, surtout lorsqu'ils sont obligés de l'aller chercher hors du Païs pour la manufacturer? Pour moi, je n'en trouve point d'autres raisons

sons que celles-ci. Il faut qu'ils aient les provisions, & tout ce qui regarde leur subsistance, à meilleur marché ; ou que les Ouvriers, plus assidus à leur ouvrage, travaillent plus long-tems ; ou enfin qu'ils se contentent d'une manière de vivre moins dispendieuse & plus grossière, que ceux de cette autre Nation. Il est donc certain, toutes choses égales, que plus les Ouvriers sont laborieux, moins il faut de personnes pour faire la même quantité d'ouvrage ; & que plus un Païs abonde dans les choses nécessaires à la vie, plus aussi il peut fournir de marchandises aux Nations étrangères, & plus il peut les donner à bon compte.

Après avoir ainsi prouvé que l'on doit beaucoup travailler, la seconde chose qui me paroît également incontestable, c'est que plus on fait l'ouvrage gaiement & mieux c'est, tant pour ceux qui l'exécutent, que pour les autres personnes de la Société. Le bonheur consiste dans le contentement. Or moins un Homme a d'idées d'une meilleure manière de vivre, plus il sera content de la situation où il se rencontre. Au contraire, plus une Personne a de lumières & d'expérience du Monde, plus il a le goût délicat & exquis ; & plus il est juge consommé des choses en général, plus sans-contredit il sera difficile à contenter. Je serois bien fâché d'avancer quelque

chose

chose de barbare ou d'inhumain. Mais lorsqu'une Personne se divertit, rit, chante, & que dans tous ses gestes, & dans toute sa conduite, je remarque un certain air de contentement & de satisfaction, je dis qu'il est heureux, sans m'embarrasser ni de son esprit, ni de sa capacité. Je ne cherche jamais à découvrir, si la joie que cette Personne témoigne est raisonnable. Du-moins je ne dois pas en juger par moi-même, ni en tirer aucune conséquence, par l'effet qu'auroit produit sur moi l'objet qui le met de si bonne humeur. Ainsi une Personne qui hait le fromage, ne doit pas me donner le nom de fou, parce que j'aime celui qui est moisi & d'une couleur bleuâtre : *De gustibus non est disputandum*, il ne faut pas disputer des goûts : c'est une Sentence aussi vraie dans le sens métaphorique, que prise à la lettre. Plus les Personnes diffèrent dans leurs conditions, dans leurs circonstances, & dans leur manière de vivre, moins ils sont en état de juger des peines ou des plaisirs les uns des autres.

Supposons qu'un Païsan, des plus vils & des plus grossiers, ait la permission d'observer *incognitò* le plus grand des Rois durant l'espace de quinze jours. D'abord il verra bien des choses qu'il trouvera de son goût. Mais aussi il en trouvera un beaucoup plus grand nombre telles, que s'il devoit changer de con-

condition avec le Monarque, il souhaitteroit qu'on les changeât, ou qu'on les redressât. Aussi seroit-il tout étonné de voir que le Roi s'y soumet. Tournons la médaille. Si le Souverain examinoit le Païsan, que trouveroit-il d'insupportable & d'abominable ? Ce seroit le travail, la saleté, la mal-propreté, la nourriture, les amours, les amusemens, & les recreations de ce Campagnard. Mais combien ne seroit-il pas enchanté de la tranquillité d'esprit, du calme & de la paix de l'ame dont jouït ce Rustre ? Il verroit que dans cette situation on n'a pas besoin d'user de dissimulation avec aucun de sa Famille, ou de feindre de l'affection pour ses plus mortels Ennemis ; qu'il n'y a point de Femmes gagnées par une Nation étrangère dont on doive se défier ; qu'il n'y a point de danger à craindre de la part de ses propres Enfans ; qu'il n'y a point de complots à découvrir ; qu'il n'y a point de poison à appréhender ; qu'il n'y a point de Ministre populaire pour qui il doive avoir de la complaisance ; qu'il n'y a point de Cours rusées qu'il lui faille ménager ; qu'il n'y a point de Défenseurs apparens de la Patrie à corrompre ; qu'il n'y a point de Favoris insatiables à satisfaire ; qu'il n'y a point de Ministère intéressé dont il faille suivre les volontés ; qu'il n'y a point de Nations divisées à qui l'on doive complaire ; qu'il n'y a point de Populace
lé-

légère à l'humeur de laquelle il faille condefcendre, fi l'on veut qu'elle ne dirige pas nos plaifirs, ou qu'elle ne s'y oppofe point.

Si la Raifon, comme un Juge impartial entre le Bien réel & le Mal réel, faifoit un catalogue des différens plaifirs & des différentes peines que l'on éprouve dans ces deux états fi oppofés, je doute beaucoup que l'on trouvât en tout la condition des Rois préférable à celle des Païfans, quand même on fuppoferoit ceux-ci ignorans, & obligés de travailler comme je parois l'exiger.

D'où vient donc que le général des Hommes aimeroient mieux être Roi, que Païfan ? Il faut prémièrement en chercher la caufe dans la Vanité & dans l'Ambition ; paffions qui font fi profondément enracinées dans la Nature Humaine. Pour fatisfaire ces deux défirs, nous voïons tous les jours les Hommes méprifer les plus éminens dangers, & furmonter les plus grandes difficultés. On doit en fecond lieu l'attribuer à cette différence de force qu'ont les objets pour fe concilier notre affection, fuivant qu'ils font matériels ou fpirituels. Les objets extérieurs qui frappent immédiatement nos fens, émeuvent beaucoup plus vivement les paffions, que les réflexions & les préceptes que la Raifon la plus faine pourroit nous fournir. L'un a beaucoup plus de force que l'autre, pour

s'ats'attirer ou notre affection, ou notre haine.

On voit donc clairement que ce que j'exige du Pauvre, ne peut lui faire aucun tort, ni diminuer le moins du monde son bonheur. Que le Lecteur sensé juge à présent, si en emploïant les méthodes dont j'ai parlé, on ne seroit pas en état d'envoïer une plus grande quantité de nos Manufactures dans les Païs étrangers, qu'on ne leur en fournit aujourd'hui. Du moins est-il plus probable que ce seroit un meilleur moïen pour y réussir, que de rester les bras croisés, de pester contre nos Voisins, & de chercher à les détruire, parce qu'ils nous battent avec nos propres armes. Les uns remportent l'avantage sur nous dans le débit des Manufactures faites avec ce que notre Ile produit ; & les autres dans la pêche de ce même Poisson que nous négligeons, quoiqu'il soit prêt, pour ainsi dire, à sauter dans nos bouches. Malgré leur éloignement du lieu où on le prend, & les peines qu'il leur en coute, ils ne laissent pas de s'y enrichir.

On peut engager le Pauvre à travailler, sans que l'on emploie la force : l'art & la fermeté suffisent pour les encourager à quiter une vie oisive. On n'a qu'à élever l'Indigent dans l'ignorance, & l'on pourra le faire à une fatigue réelle, sans que jamais il la considère comme une dureté. Par élever le Nécessiteux dans l'ignol'ignorance, je ne veux dire autre chose sinon, comme je l'ai déjà insinué ci-devant, que ses lumières dans les affaires de ce Monde doivent être bornées à ses seules occupations, ou que dumoins il ne faudroit pas que nous eûssions soin de les étendre. Lorsque par ces deux artifices nous serons venus à bout d'avoir en abondance les choses nécessaires à la vie, elles seront par-là même à bas prix. Alors les Ouvriers ne nous coutant pas beaucoup, nous débiterons infailliblement une plus grande quantité de marchandises que nos Voisins, & en même tems nous peuplerons notre Isle. Telle est la manière noble & courageuse dont nous devons combattre nos Rivaux dans le Commerce. Si nous devons tâcher de les surpasser, c'est dans la bonté & dans le prix des Marchandises que nous vendrons aux Etrangers.

En certains cas nous emploïons la politique avec succès pour gagner les Pauvres. Puisqu'ils se vantent qu'ils ne veulent pas vivre comme ceux des autres Nations, pourquoi négligerions-nous de faire usage de cette politique dans cet article, qui est le plus important? Si nous ne pouvons pas changer leur résolution, pourquoi applaudirions-nous à la justice de ses sentimens, puisqu'ils sont contre l'intérêt commun? Je me suis souvent étonné comment un Anglois, qui prétend avoir à cœur l'honneur, la gloire & la prospérité de la Nation, peut prendre plaisir à entendre un de ses Fermiers paresseux qui lui doit la rente de deux années, tourner en ridicule un François de ce qu'il porte des souliers de bois ; tandis qu'il sent de la mortification à entendre *Guillaume* le Grand, ce Monarque également ambitieux & habile, se plaindre avec chagrin & avec colère du pouvoir exorbitant de la *France*. Ce n'est pas cependant que je veuille recommander les sabots, ni introduire des maximes qui tendent à revêtir une seule Personne du Pouvoir Arbitraire. Je crois que la Liberté & la Propriété peuvent rester en sûreté, quand même les Gens pauvres seroient plus occupés qu'ils ne le sont, & que leurs Enfans useroient leurs habillemens en faisant quelque ouvrage utile, ou qu'ils les saliroient à la campagne en travaillant, au lieu de les déchirer en jouant, ou de les barbouiller d'ancre pour rien.

Cent mille Pauvres de plus que nous n'avons dans cette Ile, ne suffiroient pas pour faire, dans l'espace de trois ou de quatre cens ans, les ouvrages dont nous avons besoin. Pour tirer parti de tous les lieux de ce Roïaume, & pour qu'il soit peuplé par-tout, il faut rendre plusieurs Rivières navigables, & creuser des Canaux dans cent endroits différens. Il faut saigner certains Terrains, afin de les préserver à l'avenir de toute inondation. On peut fertiliser bien des Terres stériles.

Des

Des milliers d'*Acres* * rapporteront beaucoup plus aux Propriétaires, si on les rend moins inaccessibles. *Dii laboribus omnia vendunt*, les Dieux accordent tout à nos labeurs. Le travail & la patience viendront à bout de surmonter toutes les difficultés de cette nature. On peut renverser les plus hautes Montagnes dans leurs vallées, qui sont, pour ainsi dire, prêtes à les recevoir. On peut construire des Ponts dans des endroits, où aujourd'hui nous n'oserions pas même penser à les y élever. Qu'on examine les Ouvrages étonnans que les *Romains* ont exécutés, mais surtout leurs Grands Chemins & leurs Aqueducs. Considérons d'un côté la vaste étendue de plusieurs de ces Voies, combien elles étoient solidement construites, & quelle en a été la durée. Envisageons d'un autre côté, qu'un pauvre Voïageur a le desagrément de se voir arrêté tous les dix Miles † par une Barrière, & de païer un sou pour réparer les Chemins durant l'Eté, quoique chacun sache qu'ils seront déjà gâtés avant la fin de l'Hiver suivant.

Tout le monde doit toujours favoriser
ce

---

* C'est une mesure de terre qui est différente selon les divers Païs. L'Acre d'*Angleterre* contient ordinairement 720. pieds de Roi de long, & 72. de large.

† Le Mile d'*Angleterre* contient 1250 pas Géométriques.

ce qui convient au Public. L'intérêt particulier d'une Ville, ou de toute une Province, ne doit jamais empêcher l'exécution d'un Projet qui tendroit manifestement à l'avantage de tout le Roïaume. Tout Magistrat qui connoit son devoir, cherchera plutôt à se conduire sagement, qu'à captiver la bienveillance de ses Voisins. Ainsi il préferera toujours au plus visible avantage de la Place qu'il sert, le moindre bien qui revient à toute la Nation.

Nous avons nos propres matériaux. Les pierres & le bois de charpente ne nous manquent point, si nous voulons élever des Bâtimens. Qu'on amasse toutes les années l'argent que l'on donne volontairement à d'indignes Gueux, & celui que chaque Ménage est obligé de païer aux Pauvres de sa Paroisse, on en fera un fond suffisant pour occuper plusieurs milliers de Personnes. Ainsi on feroit un meilleur usage de son argent. Je ne dis point ceci, parce que je crois la chose praticable, mais seulement pour faire voir que nous avons assez d'argent de reste pour emploïer une grande multitude d'Ouvriers, & que nous n'en manquerions pas pour cela si-tôt qu'on pourroit se l'imaginer. On convient qu'un Soldat doit pour le moins être aussi robuste & aussi vigoureux que qui que ce soit. Or puisque celui-ci peut vivre avec six sous par jour, je ne puis concevoir la nécessité de donner la plus grande partie de
l'an-

l'année seize à dix-huit soux à un Ouvrier qui travaille à la journée.

Les Personnes qui également craintives & circonspectes sont toujours jalouses de leur Liberté, ne manqueront pas de s'écrier que la Propriété & les Privilèges de la Nation seroient bien précaires, dès-que l'on païeroit régulièrement cette vaste multitude d'Ouvriers. Mais ne pourroit-on pas faire de tels règlemens, qu'il fût impossible & au Prince, & à quelque autre Personne que ce fût, de faire un mauvais usage de cette multitude ? Ne pourroit-on pas trouver des moïens assurés de se confier pleinement à ceux qui en auroient la direction ?

Je prévois que plusieurs de mes Lecteurs se moqueront, même avec dédain, de ce que j'ai avancé dans les quatre ou cinq derniers paragraphes. On croira même me faire beaucoup de grace, si l'on ne donne au Projet que je propose, que le titre de Châteaux bâtis en l'air. Mais la question est de savoir, si c'est leur faute, ou la mienne. Lorsque l'amour du Bien Public a délaissé une Nation, les Habitans ne perdent pas seulement ce goût d'application & de persévérance ; mais ils viennent encore à avoir l'ame si basse, que ce leur est une véritable peine de penser aux ouvrages, qui par leur vaste étendue exigeroient un très-long espace de tems. Tout ce qui dans de semblables conjonctures est ou noble ou sublime, est mis au rang des chimères. Lorsqu'une crasse ignorance est entièrement bannie d'une Nation, & que tout le monde indifféremment se trouve avoir un peu de savoir, l'amour-propre tourne les lumières en ruses. Plus cette dernière qualité prévaut dans un Païs, plus les Peuples fixent au tems présent tous leurs soins, toutes leurs peines, & toute leur application, sans s'embarrasser de l'avenir. Du-moins arrivera-t-il très-rarement, que l'on pense au-delà de la Génération prochaine.

Mais comme la ruse, suivant Milord *Vérulam*, n'est qu'une sagesse gauchère, il faut donc qu'un Législateur prudent rémédie à ce desordre de la Société, aussitôt qu'il en paroît des symptômes, dont les plus ordinaires sont les suivans. Les Récompenses imaginaires sont généralement méprisées, chacun veut faire valoir le talent qu'il a, & on n'aime point à marchander. Celui-là passe pour le plus prudent, qui se défiant de tout ne croit rien que ce qu'il voit de ses propres yeux. Dans toutes les affaires de la vie, il semble que le seul principe qui fait agir les Hommes, est celui ci, *Le Diable emporte le dernier* †. Au lieu de planter des Chênes,
qu'on

---

† Il semble que l'Auteur fasse ici allusion à ce Jeu des Enfans, qui font une imprécation contre celui qui arrivera le dernier à un but marqué. Il veut dire que les Hommes ne pensent point à leurs Descendans, à ceux qui resteront après eux.

qu'on ne pourroit couper que dans cent-cinquante ans, on bâtit des Maisons, qui ne subsisteront pas au-delà de douze ou de quatorze ans. Tous les Hommes s'exposent à l'incertitude des Objets, & aux vicissitudes des Affaires Humaines. Les Mathématiques sont aujourd'hui la seule étude dont on fasse cas. On en fait usage par-tout, même dans des cas où elles sont les plus ridicules. Les Hommes ne paroissent pas non plus se confier davantage en la Providence, que sur un Marchand qui a fait faillite.

Le Public doit suppléer aux défauts de la Société, & prendre d'abord en main ce qui est le plus négligé par les Particuliers. Les contraires doivent être guéris par les contraires. Pour corriger les foiblesses communes à toute la Nation, l'exemple est d'une beaucoup plus grande efficace que les préceptes. Les Magistrats doivent donc entreprendre quelques grands Ouvrages, qui puissent occuper une vaste multitude de Gens durant plusieurs siècles. On convaincra ainsi le monde, que dans tout ce que l'on fait, on a toujours beaucoup d'égard pour la Postérité la plus reculée. Une entreprise de cette nature fixera, ou aidera du-moins à rendre plus stable le génie volatil, & la légèreté d'esprit qui règnent dans le Roïaume. Elle nous fera souvenir que nous ne sommes pas uniquement nés pour nous-mêmes. Ce sera le moïen de rendre les Hommes moins défians,

défians, & de leur inspirer un véritable amour pour leur Patrie, & une tendre affection pour le terrain même de leur Païs. Rien n'est plus nécessaire pour aggrandir une Nation. Les Formes de Gouvernement, les Religions, & même les Langues peuvent changer : mais la *Grande Bretagne*, ou du-moins, si ce nom vient à périr, l'Ile elle-même subsistera & durera, suivant toutes les vraisemblables humaines, autant qu'aucune autre partie de ce Globe Terrestre. Dans tous les siècles les Hommes ont toujours tendrement reconnu les bienfaits qu'ils avoient reçu de leurs Ancêtres. Le Chrétien, qui dans la Cité de *Saint Pierre* jouït d'une multitude de Fontaines, & d'une grande abondance d'Eau, est un misérable ingrat, s'il ne se souvient avec reconnoissance de l'ancienne *Rome Païenne*, qui a pris de si prodigieuses peines pour lui procurer ces agrémens.

Après que cette Ile aura été cultivée, & que chaque pouce de terrain aura été rendu habitable & utile, ce Païs sera sans-contredit le plus commode & le plus agréable de tous les Etats de la Terre. La Postérité nous prodiguera un encens qui nous dédommagera glorieusement de tous les frais & de tous les ouvrages que nous aurons faits. Les Personnes qui brûlent de zèle & du noble désir de l'Immortalité, seront certainement charmées d'avoir pris toutes ces peines; puisque dans mille & dans deux mille ans,

elles

elles vivront encore dans la mémoire & dans les éloges éternels des siècles à venir, qui jouïront de leurs travaux.

J'aurois conclu ici cette Rapsodie de Réflexions, s'il ne m'étoit pas venu dans l'esprit quelque chose qui concerne le dessein principal de cet Essai : but qui tendoit à prouver qu'il est nécessaire qu'il y ait une certaine Portion d'Ignorance dans une Société bien règlée. Je dois nécessairement en parler, puisque ce qui auroit paru une forte Objection contre moi, devient ainsi une preuve en ma faveur. Je conviens avec tout le monde que la plus louable qualité du feu *Czar de Russie*, étoit son application infatigable à tirer ses Sujets de leur stupidité naturelle, & à civiliser ses Peuples. Mais il faut aussi considérer qu'ils en avoient un extrême besoin, puisqu'il n'y a pas long-tems que la plus grande partie de ses Sujets approchoient fort des Bêtes Brutes. A proportion de l'étendue de ses Etats, & de la multitude de Peuples qu'il avoit sous sa domination, il n'avoit ni cette quantité, ni cette diversité de Marchands & d'Artisans qu'exige la véritable perfection d'un Païs. Pour se les procurer, n'avoit-il pas raison de mettre tout en œuvre, & de ne rien négliger ? Mais qu'est-ce que cela fait aux *Anglois*, qui sont attaqués d'une maladie tout-à-fait opposée ? Les Politiques judicieux font à l'égard du Corps de la Société, ce que les Médecins font à l'égard du Corps Naturel. Aucun de ces derniers ne traitera un Létargique comme s'il étoit attaqué d'une Insomnie, ou ne prescrira pour une Hydropisie ce qu'il ordonneroit pour un Diabétés †. En un mot, il n'y a pas assez de Savans en *Russie*, mais la *Grande-Bretagne* en a trop.

† Flux d'Urine.

RECHERCHES
SUR LA
NATURE DE LA SOCIÉTÉ.

JUSQUES-ICI les Moralistes & les Philosophes conviennent assez généralement, qu'il n'y a point de Vertu à faire une chose qui ne renferme pas un renoncement à soi-même. Un Auteur moderne, dont les Ouvrages sont aujourd'hui fort estimés par les Personnes d'esprit, est cependant d'un avis contraire. Il croit que les Hommes, naturellement vertueux, peuvent pratiquer le juste sans aucune peine, & sans se faire aucune violence. Il paroît qu'il exige & qu'il s'attend de trouver de la bonté dans son Espèce, comme nous nous attendons à trouver doux les Raisins & les Oranges de la Chine : Fruits que nous assurons n'être point parvenus à la perfection dont leur nature est capable, tandis qu'ils conservent quelque aigreur. Cet illustre Auteur est Milord *Shaftesbury*, qui

qui dans ses *Caractérisques* † prétend que l'Homme étant fait pour la Société, doit nécessairement être né avec une tendre affection pour le tout dont il fait partie. Par sa nature il doit être porté à rechercher la prospérité de la Société dont il est membre.

En conséquence de cette supposition, ce Seigneur appelle VERTUEUSE toute action faite par égard pour le Bien Public. Il donne au contraire le nom de VICE à toute action, qui tendant à l'avantage particulier de son Auteur, ne procure aucun avantage à la Société dont il est membre.

Considérant de plus la Vertu & le Vice par rapport au Genre Humain, il est dans l'idée que ce sont des réalités permanentes, qui doivent toujours être les mêmes dans tous les Siècles. Il croit que toute Personne qui a l'entendement sain peut, en suivant les règles du Bon-Sens, non seulement découvrir le BEAU & l'HONNETE dans la Morale, tout comme dans les Ouvrages de l'Art & de la Nature; mais encore se gouverner par le moïen de sa Raison avec autant de facilité & de promtitude, qu'un bon Cavalier conduit par le moïen du Mord & de la Bride un Cheval bien dressé.

Qui-

---

† Ce Livre est intitulé, *Caracteristicks of Men, Manners, Opinions, Times &c. in three Volumes, by the Right Honourable Anthony Earl of Shaftesbury*. Lond. 1733. Il a été réimprimé chez Johnson à *Rotterdam*.

Quiconque aura lu avec attention les Pièces qui ont précédé, s'appercevra sans peine qu'il n'est pas possible de trouver deux Systêmes plus opposés que celui de ce Seigneur & le mien. Ses notions, je l'avoue, ont quelque chose de généreux & de sublime. Elles sont très-honorables & très-flatteuses pour le Genre Humain. A l'aide d'une petite dose d'Enthousiasme, elles sont même capables de nous inspirer les plus nobles sentimens sur la dignité de notre illustre Espèce.

Quel dommage que toutes ces belles idées ne soient pas fondées sur la Raison! Je ne parlerois pas aussi affirmativement, si dans presque toutes les pages de ce Traité je n'avois pas invinciblement prouvé, que ces sublimes Notions sont incompatibles avec notre expérience journalière.

Cependant, pour ne laisser aucune ombre d'Objection sans réponse, je me propose de m'étendre dans ce Discours sur des idées que je n'ai touché jusques-ici qu'en passant. " Mon but est de convaincre le
„ Lecteur, non seulement que les bonnes
„ & les aimables qualités de l'Hom-
„ me, ne sont pas celles qui le rendent
„ plus sociable que les autres Ani-
„ maux ; mais encore qu'il seroit absolu-
„ ment impossible de rendre une Nation
„ peuplée, riche & florissante, ou de la
„ soutenir dans cet état de prospérité, si
„ l'on en bannissoit ce que nous appellons
„ Mal, soit Physique soit Moral."

Dans

Dans ce deſſein j'examinerai avant toutes choſes, ſi le BEAU & l'HONNÊTE, le τὸ κάλον dont les Anciens ont tant parlé, eſt effectivement quelque choſe de réel. Je diſcuterai, s'il y a du mérite & une excellence réelle dans certains Objets. J'examinerai, s'il y en a quelques-uns qui aïent effectivement quelque prééminence qui ſoit apperçue par tous ceux qui les connoiſſent; ou s'il y en a bien peu, pour ne rien dire de plus, qui aïent également été eſtimées, & dont on ait porté le même jugement dans tous les Païs & dans tous les Siècles.

Si en faiſant cette recherche & cet examen de la valeur intrinſèque des Actions, nous trouvions une choſe meilleure que l'autre, & une troiſième meilleure que celle-ci, & ainſi de ſuite, nous commencerions à avoir de grandes eſpérances. Mais ſi nous rencontrons différentes Choſes, qui ſont ou toutes fort bonnes, ou toutes fort mauvaiſes, nous ſommes embarraſſés dans notre jugement, & nous ne convenons pas toujours avec nous-mêmes, beaucoup moins avec d'autres. Or il y a effectivement divers défauts, ainſi que différentes beautés, qui ſont ou admirées ou condamnées ſuivant le changement des Modes & des Coutumes, & ſuivant la différence des goûts & de l'humeur des Hommes.

Les Experts en Peintures feront toujours

jours du même sentiment, lorsqu'ils auront à juger d'une belle Peinture comparée avec le Barbouillage d'un Novice. Mais quelle étrange différence n'a-t-on pas remarquée dans les jugemens de ces mêmes Personnes, lorsqu'ils ont voulu apprécier les Ouvrages des Grands Maîtres ! Il y a différens partis parmi les Connoisseurs. Ceux mêmes qui forment ces différens partis, ne conviennent point entr'eux dans l'estime qu'ils font des Peintures par rapport aux Siècles & aux Païs où elles ont été faites. Les meilleures Peintures ne sont pas aussi toujours celles qu'on estime le plus, puisqu'un fameux Original vaudra toujours plus qu'aucune Copie qu'en puisse faire une Main inconnue, quand même cette Copie seroit meilleure que son Original. Le prix qu'on met aux Peintures ne dépend pas seulement du nom du Maître, & de l'âge qu'il avoit lorsqu'il les a faites ; mais aussi beaucoup de la rareté de ses Ouvrages, & ce qui est encore plus déraisonnable, de la qualité des Personnes qui les possèdent, de même que de la longueur du tems qu'elles ont été dans les Grandes Familles. Si les *Cartons* qu'il y a aujourd'hui à *Hampton-Court* *

étoient

---

* *Hampton-Court* est une Maison Roïale sur la *Tamise* dans la Province de *Middlesex*, à onze miles de *Londres*. Ce Palais a été fort embelli par le feu Roi *Guillaume* III.

étoient faits par une main moins fameuse que celle de *Raphaël*, & qu'ils appartinssent à un Particulier qui seroit obligé de les vendre, on n'en auroit pas la dixième partie de l'argent qu'ils sont estimés valoir à présent, malgré tous leurs grossiers défauts.

Ce que je viens de dire n'empêche pas que je ne sois prêt d'avouer, que le jugement qu'on peut porter sur la Peinture, peut acquérir une certitude universelle, ou du-moins devenir beaucoup moins variable & moins précaire, que celui qu'on peut porter sur presque toute autre chose. La raison en est évidente. C'est qu'il y a une règle à suivre, qui demeure toujours la même. La Peinture est une imitation de la Nature, une Copie des choses que nous avons par-tout devant les yeux. J'espère que le Lecteur voudra bien me pardonner, si pensant à cette belle invention, je fais une réflexion qui paroîtra peut-être un peu hors de saison, quoique dans le fond elle contribue beaucoup à mon but principal. Je veux dire que nous sommes surtout redevables à l'imperfection de nos sens, du plaisir & des ravissemens que nous goûtons en voïant une belle Peinture. C'est à cette heureuse imperfection que nous devons l'agréable tromperie dans laquelle cet Art nous jette. Je m'explique.

L'Air & l'Espace ne sont pas des Objets de la vue : mais aussi-tôt que nous pouvons

vons voir avec le moindre degré d'attention, nous obſervons que la grandeur des choſes que nous regardons, diminue par degrés, à proportion qu'elles s'éloignent de nous. L'expérience ſeule, fondée ſur ces obſervations, peut nous apprendre à faire quelques conjectures tant ſoit peu vraiſemblables ſur la diſtance des Objets. Si un Aveugle né recouvroit ſubitement la vue à l'âge de vingt ans, il ſeroit étrangement embarraſſé s'il vouloit juger de la différence des diſtances. A peine ſeroit-il capable de déterminer ſeul & immédiatement par le moïen de ſes yeux, quel ſera le plus proche de lui, d'un Poteau qui eſt à peu près à la portée de ſon bâton, ou d'un Clocher qui ſeroit éloigné d'un demi-mille. Regardons d'auſſi près qu'il nous eſt poſſible par le trou d'une Muraille qui par derrière donne en plein air, nous ne pourrons voir autre choſe, ſinon que le Ciel remplit le vuide, & qu'il eſt auſſi près de nous que l'extrémité des pierres qui limitent l'eſpace vuide.

Je ne regarde nullement cela comme un défaut dans le ſens de la vue : c'eſt le fondement de l'erreur où nous jette la Peinture. Cet Art peut nous repréſenter ſur un plan tous les objets, de la même manière que nous les voïons en vie & en nature, ſi l'on en excepte le mouvement. Quand même quelqu'un n'auroit jamais vu de Peintures, la vue ſeule d'un Miroir le convaincroit bientôt qu'une telle repréſentation eſt poſſible. Auſſi ſuis-je très-porté à croire que les réflexions faites ſur nos yeux par les Corps les plus unis & les plus polis, ont fourni l'idée du Deſſein & de la Peinture.

Dans les Ouvrages de la Nature, le mérite & l'excellence en ſont incertains; & même parmi les Créatures Humaines, ce qui eſt beau dans un Païs, n'eſt pas tel dans un autre. Quelle n'eſt pas la bizarrerie du Fleuriſte dans ſon choix? Tantôt la Tulipe, tantôt l'Auricule, & d'autres fois l'Oeillet corné aura toute ſon eſtime. Chaque année il croit qu'une nouvelle Fleur ſurpaſſe toutes celles qui l'ont précédé, quoiqu'elle leur ſoit inférieure en couleur & en figure. Il y a environ trois-cens ans que les Hommes ſe raſoient d'auſſi près qu'ils le font aujourd'hui. Depuis ce tems-là on a laiſſé croître ſa barbe, & on lui a donné différentes figures, qui toutes convenables lorſque c'étoit la mode, ſeroient cependant ſouverainement ridicules à-préſent. Quel air affreux & comique n'a pas une Perſonne qui porte un petit chapeau, lorſque tout le monde en porte de grands? Il auroit beau être habillé d'ailleurs avec goût, il n'en ſeroit pas moins ſifflé. Combien n'eſt pas monſtrueux au contraire un grand chapeau, quand l'autre extrême eſt à la mode depuis un tems conſidérable?

ble ? L'expérience nous a appris que ces Modes durent rarement au-delà de dix ou de douze ans ; de sorte qu'une Personne de soixante ans doit pour le moins avoir vû cinq ou six de ces sortes de changemens. Malgré cette inconstance, les prémiers commencemens des Modes ne laissent pas de paroître toujours grossiers, choquans & ridicules. Quel Homme, qui faisant abstraction de ce qui est actuellement à la mode, peut décider quel est le plus beau, ou de porter de gros boutons, ou d'en porter de petits.

Les différentes manières d'ordonner un Jardin sont presque sans nombre ; & ce qu'on appelle beau dans ce genre, varie suivant le goût de la Nation & du Siècle. Dans les Gazonnades, dans les Compartimens & dans les Parterres, une grande variété de figures est pour l'ordinaire agréable. Mais un Rond plaîra tout autant à l'œil qu'un Quarré. Un Ovale ne peut pas plus convenir dans une place, qu'il est possible qu'un Triangle convienne dans un autre endroit. La prééminence d'un Octogone par-dessus un Héxagone, n'est pas plus réelle dans les figures, que huit n'a de prééminence sur six parmi les hazards.

Les Chrétiens qui ont bâti des Temples, leur ont donné la figure d'une Croix, dont l'extrémité supérieure étoit tournée du côté de l'Orient. Un Architecte qui négligeroit de suivre cette coutume, passeroit pour avoir commis une faute impardonnable, si du-moins le lieu destiné à ce Bâtiment le lui eut permis. Mais ce seroit une folie de blâmer l'Architecte d'une Mosquée, ou d'un Temple des Païens, de n'avoir pas suivi cette méthode.

Entre plusieurs bonnes Loix qui ont été faites depuis cent ans, il seroit difficile d'en trouver une qui fût plus utile, & en même tems sujette à moins d'inconvéniens, que celle qui règle les habillemens des Morts. Les Vivans qui lors de cet établissement étoient en âge de prendre connoissance des choses, peuvent se souvenir des murmures & des plaintes générales qui s'élevèrent contre cet Acte. D'abord des milliers de gens étoient révoltés de l'idée qu'il fallût être enséveli dans une étoffe de laine. L'unique chose qui rendit cette Loi supportable, fut qu'elle permettoit aux Riches de satisfaire tout à leur aise leurs foiblesses. Ils firent attention qu'on ne leur défendoit point les autres dépenses funèbres, & qu'on leur donnoit la liberté de faire prendre le deuil à plusieurs Personnes, & de faire présent de bagues à un beaucoup plus grand nombre, suivant la coutume établie en *Angleterre*. Le bien qui revient à la Nation de cette Loi est encore si visible, qu'on n'a jamais rien pu dire de raisonnable pour la condamner.

ner. Ce fut cette utilité qui fit disparoître, au bout de quelques années, l'horreur qu'on en avoit conçue. Je me rappelle même que cette aversion diminua chaque jour. D'abord les Jeunes-gens qui n'avoient vu que peu de Personnes dans le cercueil, se rangèrent le plutôt du côté de l'innovation.

Mais ceux qui avoient vu mourir plusieurs Amis & plusieurs Parens, y répugnèrent le plus long-tems. Il y avoit même des Vieillards qui ne pouvoient se résoudre à permettre qu'on les inhumât suivant la réforme. Pour aujourd'hui, que l'on a presque oublié que les Morts aient été mis dans du linge, c'est l'opinion générale que rien ne convient mieux que d'envellopper les Cadavres dans des étoffes de laine, & de les habiller comme on le fait présentement. Nous voïons par-là que l'amour ou l'approbation que nous donnons aux choses, dépend principalement de la mode & de la coutume, des règlemens & de l'exemple de nos Supérieurs, ou en général de ceux que nous croïons en quelque manière nous surpasser.

Il n'y a pas plus de certitude dans la Morale. La pluralité des Femmes est odieuse parmi les Chrétiens, & l'on a rejetté avec mépris l'Ouvrage plein d'esprit & de savoir qu'un Grand Génie *

avoit

* LYSERIUS, caché sous le nom de THEOPHILUS

avoit composé pour la défense de cette Opinion. Cependant la Poligamie n'a rien de choquant pour un *Mahométan*. Les Hommes sont esclaves de ce qu'ils ont appris dès leur enfance. La force de l'habitude plie la Nature, & la Coutume l'imite si bien, qu'il est souvent difficile de savoir quelle des deux influe sur nous.

Dans l'*Orient* les Sœurs épousoient autrefois leurs Frères, & c'étoit un mérite à un Fils de se marier avec sa Mère. De telles alliances sont sans-doute abominables: mais assurément, quelle que soit l'horreur que sa seule idée nous cause, elles n'ont rien qui répugne à la Nature. Toute l'horreur qu'elles excitent, est uniquement fondée sur la Mode & sur la Coutume.

Un *Mahométan*, religieux observateur des Loix de son Prophète, qui n'a jamais goûté d'aucune liqueur *spiritueuse*, peut prendre autant d'éloignement pour le vin, qu'aucun *Européen*, qui a quelques principes de vertu & quelque éducation, peut en avoir pour coucher avec sa Sœur. Tous les deux s'imaginent également que leur antipathie procède de la Nature.

Quelle

PHILUS ALETHÆUS, publia en MDCLXXVI. in 8. un Ouvrage en faveur de la POLYGAMIE sous le titre de POLYGAMIA TRIUMPHATRIX. Le Livre fut condamné, & l'Auteur banni.

Quelle est la meilleure Religion? C'est une question qui a causé plus de maux, que toutes les autres questions ensemble. Demandez-le à *Péking*, à *Constantinople*, & à *Rome*. Vous recevrez trois réponses extrêmement différentes. Seulement vous les trouverez toutes trois également positives & peremptoires. Les Chrétiens sont bien assurés de la fausseté des Superstitions *Païennes* & *Mahométanes*. Par rapport à ce point, ils s'unissent & ils s'accordent parfaitement bien. Mais informez-vous des différentes Sectes qui divisent les Chrétiens, quelle est la véritable Eglise de Christ? Ceux de chaque Secte vous diront que c'est celle dont ils sont membres; & pour vous en convaincre, ils vous prendront par les oreilles.

Il est donc manifeste qu'il vaudroit presque tout autant aller à la chasse d'une Oie sauvage sur laquelle on ne peut pas beaucoup compter, que de chercher à découvrir le Pulchrum & l'Honestum dont parle Milord *Shaftesbury*. Les notions imaginaires que l'on peut être vertueux sans être obligé de renoncer à soi-même, ouvrent trop la porte à l'hipocrisie: vice dont l'habitude nous fait tromper les autres, & qui même nous rend entièrement inconnus à nous-mêmes. Un exemple que je vai donner, montrera comment il est possible qu'une Personne de qualité, d'esprit & de savoir, qui ressembleroit en tout à l'Auteur même des *Caractéristiques*, tombât dans cette ignorance, faute de se bien examiner.

Une Personne élevée dans l'aise & dans l'abondance, apprendra à éviter tout ce qui lui fait de la peine, s'il est d'un naturel doux & indolent. S'il préfére de reprimer ses passions, ce sera plutôt à cause des inconvéniens qui en naissent, & d'un trop grand empressement pour le plaisir, & de l'esclavage où nous mettent nos passions lorsque nous les satisfaisons, que par aucun dégoût réel pour les plaisirs des Sens. Il peut arriver qu'une Personne élevée sous les yeux d'un grand Philosophe d'un caractère doux & humain, & capable de former un Jeune-homme, puisse, éblouïe par des circonstances si favorables, avoir une meilleure opinion de son état intérieur qu'il ne mérite effectivement. Dans ce cas il peut se croire vertueux, tandis que ses passions sont simplement endormies. Cette même Personne pourra se former de belles idées sur les Vertus *sociables* & sur le mépris de la mort. Dans son cabinet il écrira fort bien sur ces sujets, & il en parlera très-éloquemment en compagnie : mais vous ne le verrez jamais combattre pour sa Patrie, ni travailler à réparer aucune des pertes de la Nation. Une Personne qui s'attache à la *Métaphisique*, peut facilement donner dans l'Enthousiasme, & croire réellement qu'il ne craint pas la mort, pendant qu'elle est encore éloignée. Si on lui

lui demandoit, pourquoi aïant reçu cette intrépidité, soit de la Nature, soit de la Philosophie, il n'a pas pris le parti des Armes, quand sa Patrie étoit engagée dans la guerre? Pourquoi lorsqu'il voïoit tous les jours la Nation pillée par ceux qui gouvernoient l'Etat, lorsqu'il étoit témoin du peu d'ordre qui règnoit dans les Finances; pourquoi, dis-je, n'est-il pas allé en Cour, & n'a-t-il pas emploïé ses Amis & son crédit pour obtenir l'Emploi de Grand-Trésorier? Par son intégrité & par sa sage administration, il auroit sans-doute rétabli le crédit de la Nation.

Il est vraisemblable qu'il me répondra qu'il aime la retraite, qu'il n'a point d'autre ambition que d'être honnête-homme, & qu'il n'a jamais aspiré d'avoir aucune part dans le Gouvernement. Il me dira qu'il hait toute espèce de flatterie, ainsi que l'esclavage qui accompagne nécessairement les Emplois. Il me parlera du peu de sincérité qui règne dans les Cours, & des desagrémens inséparables du commerce du Grand-Monde. Je l'en crois sur sa parole. Mais une Personne d'un tempéramment indolent, & d'un esprit inactif, ne peut pas dire avec sincérité tout ce qu'avance ce Seigneur, si en même tems il satisfait ses appétits, qu'il n'est point capable de subjuguer, quoique son devoir le lui ordonne. La Vertu consiste dans l'action; & quiconque possède cet amour pour la Société, & cette tendre affection pour son Espèce, que Milord *Shaftesbury* exalte tant, surtout si sa naissance, ou sa qualité l'appelle à exercer quelque Poste Public, il ne doit rien négliger de tout ce qui peut procurer quelqu'avantage à ses Compatriotes. Si cet illustre Auteur avoit eu le génie guerrier, ou le tempéramment violent, il auroit choisi un autre genre de vie, & auroit débité une Doctrine tout-a-fait opposée : car notre Raison suit toujours la route où la passion l'entraîne. L'Amour-propre excuse tous les Hommes, quelles que soient leurs vues & leurs desseins. Il fournit à chaque Individu des raisons pour justifier leurs inclinations.

Des Plans de conduite aussi mitigés, & des Vertus aussi tranquiles que celles qui sont recommandées dans les *Caractéristiques*, ne valent rien que pour former des Génies pesans. Elles peuvent donner à un Homme les qualités requises pour goûter les plaisirs stupides d'une Vie Monastique, ou tout au plus pour exercer l'Emploi de Juge à Paix à la Campagne ; mais assurément elles ne rendront jamais un Homme propre au travail & à l'assiduité. Jamais ces idées ne l'engageront, ni à de grands exploits, ni à de périlleuses entreprises.

Les Préceptes ne peuvent anéantir, ni l'amour que l'Homme a naturellement pour l'aise & la paresse, ni le panchant qu'il a pour les plaisirs sensuels. Il n'y a que des passions supérieures qui puissent se rendre maîtresses des fortes habitudes & des inclinations des Hommes. Prêchez tant qu'il vous

vous plaira, faites voir à un Poltron le peu de raison qu'il a d'avoir peur. Tous vos Sermons seront inutiles. Vous ne le rendrez pas plus vaillant, que vous ne l'engagerez à être plus grand qu'il n'est, en lui ordonnant d'être haut de dix pieds. Mais s'il y a un secret pour exciter le courage, c'est celui que j'ai donné au Public dans la *Remarque* (R); secret qui est presque infaillible.

La crainte de la mort n'est jamais plus forte, que quand nous sommes dans notre plus grande vigueur, & que nous avons bon appétit. Quand nous avons la vue perçante, l'ouïe prompte, & que chaque membre remplit ses fonctions, c'est alors que nous sommes surtout susceptibles de cette passion. La raison en est claire : c'est qu'alors la vie est plus agréable, & que nous sommes plus en état d'en jouïr.

D'où vient donc qu'un Homme d'Honneur accepte si facilement un cartel, quoiqu'il n'ait que trente ans, & qu'il soit en parfaite santé? C'est la vanité qui surmonte ses craintes. Aussi dès-que la vanité n'y sera plus intéressée, ses craintes paroîtront de la manière la plus visible. Supposons par exemple que peu accoutumé à la mer, il s'y trouve pendant une tempête; ou supposons même que n'aïant jamais été malade, il ait seulement un mal de gorge, ou une petite fièvre: vous verrez bientôt quelles sont ses angoisses, & quel cas il fait de la vie. Si l'Homme a-
voit

voit été naturellement humble, & à l'épreuve de la flatterie, les Politiques ne feroient jamais parvenus à leurs fins, jamais ils n'auroient su que faire de l'Homme. Sans ses vices, l'excellence de l'Espèce Humaine auroit toujours été inconnue. Tous les Héros qui se sont rendus fameux dans le Monde, fournissent une forte preuve contre l'aimable Systême que je combats.

Si le courage du Grand *Macedonien* s'oublia lorsqu'il combattit seul contre toute une Garnison, sa folie ne fut pas moindre quand il s'imagina être un Dieu, ou qu'il douta du moins s'il ne l'étoit point. Dès que nous faisons cette réflexion, nous découvrons la passion, & l'extravagance de cette même passion, qui le soutenant dans les plus éminens dangers, lui faisoit surmonter toutes les difficultés & toutes les fatigues qu'il avoit à essuïer.

Il n'y a jamais eu dans le Monde d'exemple plus sensible d'un Magistrat parfait, que *Cicéron*. Quand je réfléchis sur les soins & sur la vigilance qu'il a eus, sur les dangers réels qu'il a méprisés, & sur la peine qu'il s'est donnée pour la sureté de *Rome*: quand je considère sa sagesse & sa sagacité à découvrir & à faire échouer les complots des plus hardis & des plus subtils Conspirateurs: quand je fais attention en même tems à son amour pour la Littérature, pour les Arts & les Sciences, à son habileté dans la Métaphisique, à la justesse
de

de ſes Raiſonnemens, à la force de ſon Eloquence, à la politeſſe qui règne dans ſes Écrits: quand je réunis toutes ces choſes, ſaiſi d'étonnement, je ne puis m'empêcher de dire que *Cicéron* étoit un Héros qui tenoit du prodige.

Tournons à-préſent la médaille. Après avoir conſidéré *Cicéron* par rapport à ſes belles qualités, avouons que ſi ſa vanité avoit été inférieure à ſon grand mérite, le bon-ſens & la grande connoiſſance qu'il avoit des Affaires du Monde, ne lui auroient jamais permis de célébrer ſes propres louanges avec autant de dégoût & de fracas qu'il a fait. Jamais il ne ſe ſeroit aviſé, plutôt que de ſe taire ſur ſon propre mérite, de faire un Vers dont un Ecolier même auroit dû avoir honte.

O Fortunatam natam, me Conſule, Romam!

Combien la Morale du rigide *Caton* n'étoit-elle pas exacte & ſévère ? Combien la Vertu de ce grand Défenſeur de la Liberté *Romaine* n'étoit-elle pas ferme & ingénue ! L'équivalent dont ce *Stoïcien* jouïſſoit pour le renoncement à ſoi-même qu'il pratiquoit avec tant d'auſtérité, reſta longtems inconnu. Sa modeſtie ſingulière cacha pendant très-longtems, & à l'Univers & à lui-même, le motif qui le faiſoit agir. Le tems a enfin découvert que l'Héroïſme qu'il profeſſoit, étoit dû à une foibleſſe qui le dominoit. La dernière ſcène de ſa vie

vie a dévoilé la passion à laquelle ce Héros devoit toutes ses vertus. La mort qu'il se donna, montre clairement qu'il étoit gouverné par un pouvoir tirannique, supérieur à l'amour de sa Patrie. Alors on vit que la haine implacable, & l'envie excessive qu'il portoit à la gloire, à la grandeur réelle, & au mérite personnel de *César*, avoit fort long-tems dirigé toutes ses actions, qui paroissoient si nobles & si héroïques. Si de puissans motifs n'avoient pas vaincu la prudence consommée de *Caton*, il auroit non seulement pu se sauver, mais il auroit encore procuré cet avantage à la plupart de ses Amis, dont la ruïne fut entraînée par sa perte. S'il avoit pu obtenir sur lui de s'y soumettre, il se seroit vu selon toutes les apparences le second dans *Rome*. Mais il connoissoit la grandeur d'ame & la générosité sans bornes de son Vainqueur. C'étoit cette clémence que *Caton* craignoit. Aussi choisit-il la mort, parce que sa vanité la trouva moins terrible, que l'idée de fournir à *César*, son mortel ennemi, une aussi belle occasion de faire connoître sa magnanimité en lui pardonnant, quoiqu'il fût un de ses ennemis les plus acharnés. Pour peu qu'on réfléchisse sur le caractère de ce Conquérant, également habile & ambitieux, on conviendra que si *Caton* avoit ôsé vivre, *César* n'auroit pas manqué de lui offrir son amitié.

Pour prouver l'affection tendre & réelle

que nous avons pour notre Espèce, Milord *Shaftesbury* se sert d'un autre argument, tiré de l'amour que nous avons pour la Compagnie, & de l'aversion que les Hommes qui sont dans leur bon-sens ont généralement pour la Solitude : sentimens que les autres Créatures n'éprouvent point. Cet argument est très-bien développé dans les *Caractéristiques*. J'avoue qu'il y est tourné de son plus beau côté, & dans un très-beau stile.

Dès le lendemain que j'eus lu cet article, j'entendis quantité de gens crier des Harengs frais. Ces cris joints à la réflexion que je faisois sur la grande multitude de Poissons de différentes sortes qu'on prend en même tems, me mirent de fort bonne humeur, quoique je fusse seul. Mais dans le tems que concentré dans mes idées je m'entretenois de cette contemplation, un impertinent Desœuvré dont j'avois le malheur d'être connu, m'abordant me demanda comment je me portois, quoique j'eusse l'air, & j'ôse le dire, d'être en aussi parfaite santé que jamais je l'aie été en ma vie. J'ai oublié ce que je lui répondis ; mais je me souviens fort bien que j'eus beaucoup de peine à me débarrasser de cet Importun, & que je sentis tout le mal-aise dont mon bon Ami *Horace* se plaint pour une persécution de même nature.

Je ne voudrois point que le pénétrant Critique, fondé sur ce petit conte, allât s'imas'imaginer que je suis un Misantrope. Je lui déclare qu'il se tromperoit étrangement. J'aime beaucoup la compagnie : & si le Lecteur n'est pas ennuïé de la mienne, je lui donnerai une description d'une Personne telle que je la choisirois pour la conversation. J'ôse promettre que le Lecteur retirera quelque avantage de cette Digression. Après cela, revenant plus particulièrement à mon sujet, je ferai sentir la foiblesse & le ridicule de cette flatterie, que renferment les belles idées que Milord nous donne de l'Ame, dans l'article que j'ai cité.

L'Ami que je demanderois, instruit de bonne heure dans les principes de l'Art, seroit imbu des notions de l'Honneur & de la Honte. Accoutumé dès son enfance à la politesse, il auroit par habitude une extrême aversion pour tout ce qui approche le moins du monde de l'imprudence, de la grossièreté, ou de l'inhumanité. Il entendroit fort bien le *Latin*, & il ne seroit pas ignorant dans le *Grec*. Il sauroit de plus une ou deux Langues vivantes, outre sa Langue maternelle. Je voudrois qu'il eût une teinture des mœurs & des coutumes des Anciens, & qu'il fût parfaitement au fait de l'Histoire de sa Patrie, & des Mœurs du Siècle où il vit. Il devroit non seulement avoir des connoissances sur la Littérature, mais encore avoir poussé quelque Science particulière & utile. Cet Ami devroit avoir vu les Cours étrangères,

res, & fréquenté les Universités. Mais surtout je souhaitterois qu'il eût tiré parti de ses voïages. Il faudroit qu'il pût se divertir quelquefois à danser, à faire des armes, à monter à cheval, à chasser, & à s'amuser à quelques autres plaisirs champêtres, mais il ne devroit être attaché à aucun. Les envisageant comme de simples exercices utiles pour la santé, & comme des amusemens, ils ne lui feroient jamais négliger ses affaires, jamais ils ne l'empêcheroient de travailler à acquérir des qualités plus estimables. Il auroit quelque teinture de Géométrie & d'Astronomie, & il sauroit de l'Anatomie ce qu'il en faut savoir pour avoir une idée de l'arrangement des parties qui composent le Corps Humain. C'est assurément une qualité que de savoir assez à fond la Musique pour pouvoir composer, mais il y a beaucoup à dire contre ce talent. J'aimerois donc mieux qu'il fût assez de Dessein pour tracer un Païsage, ou lever un Plan suivant l'idée & la forme qu'on lui décriroit ; mais je ne voudrois pas qu'il touchât jamais le pinceau. Introduit de très-bonne heure auprès des Femmes modestes, il ne passeroit jamais de semaine sans se trouver dans quelque compagnie de Dames.

Je ne fais point mention des vices grossiers, tels que sont l'Irreligion, la Luxure, le Jeu, l'Ivrognerie, & les Querelles. Les Personnes qui ont reçu la moindre éducation, ne donnent jamais dans ces excès. Mais s'il vouloit me plaire, il devroit pratiquer constamment la Vertu. Qu'on ne s'effarouche pas de l'idée de *Vertu*. Je ne suis pas assez étranger dans ce qui se passe, soit en Cour, soit en Ville, pour croire qu'un Homme puisse être parfait. Ainsi cet Ami devroit compter que je fermerois les yeux sur certains défauts, si je ne pouvois pas les corriger, ou les prévenir. Supposez que depuis l'âge de dix-neuf ans jusques à vingt-trois, le feu de la jeunesse l'emportât quelquefois sur la chasteté, je le tolèrerois, pourvu qu'il agît avec précaution. Si dans quelque occasion extraordinaire, gagné par les pressantes sollicitations de quelques Amis de plaisir, il lui arrivoit de boire plus que ne le permet une étroite sobriété, je le lui passerois, pourvu que ces excès ne revenant que rarement, ils ne nuisissent en aucune manière ni à son tempéramment, ni à sa santé. Supposons enfin que par la vivacité de son tempéramment, ou par de légitimes raisons, il eût une difficulté qu'il eut pu éviter ou prévenir, s'il eût eu plus de prudence, ou qu'il eût été moins scrupuleux sur le point d'Honneur, je n'y prendrois pas garde, pourvu que cela ne lui fût arrivé qu'une seule fois. Si, dis-je, il avoit le malheur de tomber dans quelqu'une de ces fautes, & qu'il n'en parlât jamais, beaucoup moins qu'il s'en van-

vantât, on peut lui pardonner, ou tout-au-moins n'y pas faire attention dans l'âge que j'ai posé, à condition cependant que toujours circonspect à l'avenir, il ne se trouvât plus exposé à ces embarras & à ces défauts. Les grandes chutes dans la jeunesse ont quelquefois engagé certaines Personnes dans une prudence beaucoup plus ferme, qu'elles n'auroient jamais acquis très-vraisemblablement sans cela.

Pour les éloigner des choses honteuses, & des actions qui sont publiquement scandaleuses, rien n'est plus convenable que de leur procurer un libre accès dans deux ou trois Familles nobles, où ils se croiront obligés d'aller souvent faire leur cour. En même tems que vous entretiendrez de cette manière leur vanité, vous leur inspirerez une crainte continuelle pour la Honte.

Un Homme qui avec une fortune médiocre aura à peu près ces qualités, qui de plus se perfectionne lui-même, & qui fréquente les Compagnies jusques à l'âge de trente ans, ne sauroit manquer d'être d'un commerce agréable, du-moins pendant qu'il jouït d'une santé ferme & d'une prospérité soutenue, & qu'il ne lui survient quoi que ce soit qui puisse causer quelque dérangement à son tempéramment. Quand un tel Homme se trouvant en compagnie de trois ou quatre Personnes qui lui ressemblent, y passe quelques heures, on peut, sans craindre de se tromper, appeller cela une bonne compagnie. Il ne s'y dit quoi que ce soit qui ne puisse instruire ou divertir un Homme d'esprit. Peut-être arrivera-t-il que ces Personnes ne seront pas toujours du même sentiment ; mais il ne sauroit y avoir de dispute entr'eux, que pour être le prémier à se ranger du sentiment de celui de qui il diffère. Il n'y a jamais qu'un des Assistans qui parle à la fois, & on n'y élève jamais la voix, qu'autant qu'il est nécessaire pour être distinctement entendu de celui qui est assis le plus loin. Le plus grand plaisir que chacun se propose, est de plaire ; & l'expérience leur a appris qu'ils peuvent tout aussi aisément parvenir à ce but, en écoutant avec attention les autres, & en approuvant par leur contenance leurs discours, que s'ils disoient eux-mêmes d'excellentes choses.

La plupart de ceux qui ont quelque goût, se plaîront assurément dans un tel commerce. Ils le préféreront même avec raison à la solitude, dans le tems que desœuvrés ils ne savent que faire de mieux. Mais s'ils avoient quelque occupation dont ils crûssent pouvoir tirer une satisfaction plus solide ou plus durable, soïons assurés que se refusant à ce plaisir, ils lui préféreront cette occupation qui leur paroît d'une plus grande importance.

Mais qui n'aimeroit infiniment mieux rester seul quinze jours entiers, quoiqu'il n'eût vu qui que ce soit depuis un tems égal,

égal, que de se trouver en compagnie de gens furieux, qui ne se plaisant que dans la contradiction, font gloire d'exciter des querelles ? Tout Homme qui a des Livres ne liroit-il pas toujours, ou ne se mettroit-il pas à écrire sur quelque sujet, plutôt que d'être tout un jour avec des gens qui animés par l'esprit de parti, s'imaginent que notre Ile n'est bonne à rien tandis qu'on permet à leurs Adversaires d'y vivre ? Y a-t-il quelqu'un qui n'aimât mieux vivre seul un mois entier, & aller se coucher régulièrement avant sept heures, que de se mêler avec des Ivrognes, qui aïant pendant tout le jour tâché en vain de se faire mourir, s'assemblent encore la nuit pour attenter une seconde fois à leur vie par des excès affreux dans le boire, & qui pour exprimer leur gaieté, font plus retentir de mots destitués de sens dans la chambre où ils sont, que leurs Compagnons, moins incommodes, ne font de bruit par leurs grognemens dans les rues ? Je ne fais pas grand cas d'une Personne qui ne préféreroit pas de s'ennuïer seul à la promenade, ou qui enfermé n'aimeroit pas mieux répandre des épingles par la chambre pour s'occuper ensuite à les ramasser, que de se trouver en compagnie pendant six heures avec une dixaine de Matelots le jour qu'ils ont reçu leur païe.

Quelque incontestable que soit ce que j'avance ici, accordons pour un moment que le plus grand nombre s'expoſeroit aux desagrémens dont j'ai parlé, plutôt que d'être obligé de vivre ſeul pendant un tems conſidérable. Dans cette ſuppoſition, je ne vois pas même comment cet amour pour la Compagnie, & ce déſir violent que nous avons pour la Société, peut autant être exalté. Je ne découvre point non plus ſur quel fondement on peut l'alléguer, comme une qualité qui mette l'Homme au deſſus des autres Animaux. Si nous prétendions fonder ſur cela la bonté de notre Nature, qui douée d'un amour généreux s'oublie ſoi-même, & ſe plaît à en faire ſentir les effets à ſes ſemblables, vertus qui rendent l'Homme une créature ſociable; il faudroit néceſſairement que cette inclination pour la Compagnie, & cette averſion pour la Solitude, fûſſent plus violentes & plus ſenſibles dans ceux qui ornés d'un plus grand génie, & d'un jugement plus exquis, ont moins de vices & plus de perfections. On remarque cependant tout le contraire.

Les Eſprits les plus foibles qui ſont le moins en état de gouverner leurs paſſions, les Conſciences coupables qui abhorrent la réflexion, & les Gens ſans mérite qui ſont incapables de produire d'eux-mêmes quelque choſe de bon, ſont les plus grands ennemis de la Retraite. Ils ſe joindront à quelque compagnie que ce ſoit, plutôt que de reſter ſeuls. Il n'en eſt pas de même d'un Homme de bon-ſens, qui orné

de

de lumières est capable de penser, & de peser le mérite des choses. Il n'y a personne qui puisse plus aisément se passer de tout commerce, & vivre plus long-tems avec soi-même, que celui qui est le moins troublé par les passions. Pour éviter le bruit, la folie, l'impertinence, & les choses qui choquent son bon goût, il se séparera de vingt Compagnies, & il préférera de rester dans son Cabinet, ou dans un Jardin. Que dis-je! Il aimera mieux se retirer dans un Pâturage commun, ou dans un Désert, que d'être obligé de se trouver dans la compagnie de certaines gens.

Mais si l'Amour de la Compagnie étoit si intimement lié à notre Espèce, que personne ne pût souffrir d'être seul un moment, quelles conclusions pourroit-on en tirer? L'Homme n'aime-t-il pas la compagnie comme il aime toute autre chose, je veux dire pour l'amour de soi-même? On ne vit jamais d'Amitiés, ou de Civilités de durée, qui n'ayent été réciproques. Dans toutes les Assemblées règlées & dans tous les Cercles, ainsi que dans les Fêtes annuelles *, & dans les plus solemnelles Débauches, chaque Mem-

* Les Fêtes annuelles en *Angleterre*, où les Parens & les Amis se régalent sont *Noël*, *Pâques*, & la *Pentecôte* &c.

Membre qui y affiste a fes propres vues. Quelques-uns qui fréquentent très-affidûment une Société, n'y iroient peut-être jamais, s'il n'y primoient pas. J'ai connu un Cavalier, qui pendant qu'il étoit regardé comme l'Oracle d'une certaine Compagnie, y fut si affidu, qu'il étoit mal à fon aife dès-que quelques affaires l'empêchoient de s'y rendre à l'heure marquée : Mais je l'ai vu quiter entièrement cette chère Société, dès-qu'on y eut admis quelqu'un qui pouvoit lui être mis en parallèle, & lui difputer la fupériorité. Il y a des Gens, qui quoiqu'incapables de pouffer un Argument, ne laiffent pas d'avoir affez de malice pour prendre plaifir à entendre les autres fe difputer. Ils ne prennent aucune part dans les difputes, cependant ils croiroient qu'une Compagnie où ils n'auroient pas ce plaifir feroit infipide. Une Maifon fuperbe, de riches Meubles, de beaux Jardins, des Chevaux, des Chiens, les Ancêtres, le Parentage, la Beauté, la Force, une certaine Excellence dans quelque chofe que ce foit : tout cela peut contribuer à rendre pendant long-tems les Hommes fociables, dans l'efpérance que ces objets qu'ils eftiment, feront de tems en tems les fujets de la converfation, & qu'ils leur donneront une fatisfaction intérieure. Les Gens même les plus polis qu'il y aît, tels que font ceux dont j'ai parlé ci-devant, ne font jamais aucun plaifir aux

au-

autres, qui ne soit repaïé à leur amour-propre. Ils ont beau s'en défendre, ils ne rendent jamais de service qui n'aboutisse enfin à eux-mêmes. Mais la preuve la plus évidente que chacun a principalement en vue son avantage propre, dans toutes les Assemblées, & dans toutes les Sociétés de gens qui se fréquentent; c'est que celui qui étant desintéressé païe plutôt au-delà de ce qu'il faut, que de disputer; c'est que celui qui naturellement de bonne humeur, n'est ni fantasque ni pointilleux; que les Caractères doux & indolens qui haïssent les disputes, & qui ne parlent jamais pour triompher; c'est que de telles Personnes, dis-je, sont chez toutes les Nations les charmes des Compagnies. Au lieu qu'un Homme de bon-sens & savant, qui ne s'en laissant pas aisément imposer, ne dira jamais rien de déraisonnable; qu'une Personne d'esprit qui peut dire des choses spirituelles & piquantes quoiqu'il ne lance jamais ses traits que contre les actions qui le méritent, qu'un Homme d'honneur enfin qui ne fait ni ne souffre jamais d'affront, peuvent bien être estimés dans le Monde, mais rarement peuvent-ils se faire autant aimer, que celui qui aïant plus de foiblesses est moins accompli.

Dans les exemples que je viens d'alléguer, l'Amitié procède de l'empressement avec lequel nous recherchons continuellement ce qui est capable de nous donner de la satisfaction. Mais il est d'autres occasions dans lesquelles l'Amitié naît de notre timidité naturelle, & du soin inquiet que nous prenons de nous-mêmes. Deux Habitans de *Londres*, qui ne seroient pas obligés par leurs affaires à avoir commerce ensemble, pourroient se connoître, se voir, & passer tous les jours sur la *Bourse* l'un à côté de l'autre, sans se témoigner plus d'attention & de civilités, que ne le feroient des Taureaux. Mais que ces deux Personnes si indifférentes à *Londres*, se rencontrent par hazard à *Bristol*, ils se tireront le chapeau, à la moindre occasion ils entreront en conversation, & tous les deux seront charmés de se tenir compagnie. Quand un *François*, un *Anglois*, & un *Hollandois* se rencontrent à la *Chine*, ou dans quelqu'autre Païs Païen, il suffit qu'ils soient les uns & les autres *Européens*, pour qu'ils se considèrent comme Compatriotes. J'ôse même assurer que si aucune passion ne s'y opposoit, ils sentiroient un panchant naturel à s'aimer l'un l'autre. Que dis-je! Deux Ennemis même, qui sont obligés de voïager ensemble, se dépouilleront souvent de leurs animosités, ils seront affables, & converseront amicalement l'un avec l'autre, surtout si la route qu'ils suivent n'est pas sûre, & qu'ils soient tous deux étrangers dans l'endroit où ils se proposent d'aller.

Des

Des Juges superficiels attribuéront tout cela à l'inclination que l'Homme a pour la Sociabilité, au panchant naturel qu'il a & pour l'Amitié & pour la Compagnie. Mais quiconque examinant les choses comme il faut considèrera l'Homme de plus près, trouvera que dans tous ces cas on n'a d'autre but que d'assurer sa fortune, & que les causes alléguées ci-dessus agissent constamment dans ces occasions.

Jusques-ici je me suis attaché à prouver que le Pulchrum & l'Honestum, le Beau & l'Honnête, l'excellence & la valeur réelle des choses, pour l'ordinaire précaire & inconstante, change tout comme les Modes & les Coutumes. D'où il suit que les conclusions qu'on a tiré de leur certitude & de leur réalité, semblables à leurs principes, ne signifient absolument rien, & que les notions sublimes que l'on se forme de la bonté naturelle de l'Homme sont dangereuses, puisqu'elles tendent à jetter dans l'erreur, & qu'elles sont de pures chimères. J'ai établi la vérité de mon opinion sur les exemples qui sont les plus ordinaires dans l'Histoire. En parlant de l'amour que nous avons pour la Compagnie, & de l'aversion que nous ressentons pour la Solitude, j'ai examiné à fond quels étoient les différens motifs de ces inclinations, & j'ai fait voir qu'elles découlent toutes de l'amour-propre. Il s'agit donc

donc à-préfent d'examiner la nature de la Société, & d'en rechercher les véritables fondemens, afin qu'il paroiffe évidemment que ce ne font ni les bonnes ni les aimables qualités de l'Homme, mais fes mauvaifes & fes pernicieufes qualités, fes imperfections, & fon manque d'excellence dont les autres Créatures font revêtues, qui l'ont principalement rendu un Etre Sociable, du moment qu'il a perdu le Paradis; en forte que s'il eût perfévéré dans fa primitive innocence, & qu'il eût continué à jouïr des biens qui l'attendoient, il n'eft point du tout probable que l'Homme fût jamais devenu cette Créature Sociable qu'il eft aujourd'hui.

On a fuffifamment prouvé dans tout ce Livre, combien nos appétits & nos paffions font néceffaires pour faire fleurir toutes fortes de Commerces & de Métiers. Or perfonne ne nie que ces appétits & ces paffions ne foient effectivement de mauvaifes qualités, ou au-moins qu'elles ne les produifent. Il refte donc à préfent à mettre dans un plein jour les divers obftacles qui empêchent & qui embarraffent l'Homme dans le travail auquel il s'occupe conftamment pour fuppléer à fes befoins; travail qu'on appelle en d'autres termes *le foin de fa propre confervation*. Je démontrerai en même tems que l'inclination & le panchant que l'Homme a pour la Société, provient

uni-

uniquement de ces deux choses, savoir de la multiplicité de ses désirs, & des obstacles continuels qu'il rencontre dans les efforts qu'il fait pour les satisfaire.

Les Obstacles dont je parle naissent ou de notre Constitution, ou de la Terre que nous habitons ; j'entends cette Terre telle qu'elle est, depuis qu'elle a été maudite. J'ai souvent tâché de contempler séparément les deux choses que je viens d'indiquer, mais je n'ai jamais pu en venir à bout. Elles s'entrechoquent continuellement, & se mêlent de telle manière, qu'enfin elles composent un affreux chaos de maux.

Tous les Elémens sont nos ennemis. L'Eau submerge, & le Feu consume ceux qui ignorant la nature de ces deux Elémens, ôsent s'y plonger. La Terre produit dans mille endroits des Plantes, & d'autres Végétaux, qui sont nuisibles à l'Homme. Pendant qu'elle nourrit & qu'elle entretient diverses Créatures qui lui sont pernicieuses, elle souffre qu'une multitude de Poissons de différentes espèces habite dans son sein. Mais le plus cruel de tous les Elémens, c'est l'Air, sans lequel nous ne saurions vivre un seul moment. Il est impossible de décrire toutes les injures que nous recevons du Vent & du Tems : ce sont deux Destructeurs impitoiables. La plupart des Hommes se sont occupés de tout tems à défendre leur Espèce de l'intempérie de de l'Air. Malgré cela on n'a pu trouver jusques-ici ni art ni moïen pour se mettre à couvert de certains Météores furieux.

Les Ouragans, il est vrai, n'arrivent que rarement. Peu de personnes sont englouties par des Tremblemens de Terre, ou dévorées par des Lions. Mais pendant que nous évitons avec soin ces malheurs gigantesques, nous sommes persécutés par des Ennemis moins redoutés. Quelle affreuse diversité d'Insectes n'y a-t-il pas qui nous tourmentent? Entre ces Insectes, quelle multitude n'y en a-t-il pas qui nous insultent, & qui se jouent de nous impunément? Le plus vil Atôme ne nous foule-t-il pas aux pieds, & ne paît-il pas sur nous, comme le Bétail paît dans les champs? On leur permet souvent ces indignités, s'ils usent avec modération de leur bonne fortune; mais notre clémence même devient un nouveau vice. Ils abusent si fort de notre pitié, qu'ils font avec la dernière cruauté, & le dernier mépris, des voiries de nos mains, & qu'ils dévoreroient nos Enfans, si nous ne veillions pas continuellement à poursuivre & à détruire ces vils Animaux.

Il n'y a rien de bon dans tout l'Univers, pour l'Homme même qui a le meilleur dessein. Si par méprise ou par ignorance l'Homme commet la moindre faute dans l'usage qu'il en fait, ni son innocence,

cence, ni son intégrité ne sauroit le garantir de mille maux qui l'environnent. Au contraire, tout ce que l'Art & l'Expérience ne nous apprennent pas à tourner en bien, est naturellement mal. Voïez aussi combien le Laboureur est diligent à serrer son bled, & à le défendre contre la pluïe. Sans cette précaution il ne pourroit pas en jouïr. Les Saisons variant suivant les Climats, il n'y a que l'Expérience qui nous ait appris à faire usage de cette différence. Tandis que dans une partie du Globe nous voïons le Fermier semer, il est certain qu'il moissonne dans une autre.

De tout ceci nous pouvons découvrir quelle altération & quel terrible changement cette Terre doit avoir souffert depuis la chute de nos prémiers Parens. Si nous suivions l'Homme pas à pas, & que nous remontâssions jusqu'à son Origine céleste & divine, où il étoit exempt de cette vanité qui naît d'une sagesse acquise par des préceptes pleins d'orgueil & d'arrogance, ou par une ennuïeuse expérience. Si nous le contemplions dans l'état d'innocence, où il étoit doué d'une connoissance consommée, qu'il avoit recue de la main bienfaisante qui lui avoit donné l'existence, nous le verrions couvert des atteintes de tous les Animaux, de tous les Végétaux qui couvrent la Terre. Alors il n'y avoit aucun Minéral qui lui fût nuisible. Ce Chef du Genre Humain, à l'abri des injures de l'Air, auſſi bien que des autres maux, étoit content du néceſſaire de la vie, que la Terre lui fourniſſoit d'elle-même. Exempt alors de tout crime, il ſe trouvoit par-tout le Seigneur de toutes choſes. Il n'avoit point de rival, & il étoit bien obéï. Sans affectation pour ſa grandeur, il étoit tranſporté dans des méditations ſublimes ſur l'immenſité de ſon Créateur, qui vouloit bien ſe communiquer tous les jours à lui & le viſiter, ſans qu'il lui en arrivât aucun mal.

Dans cet Age d'Or on ne ſauroit découvrir aucune raiſon, ni la plus légère vraiſemblance, pourquoi les hommes ſe ſeroient jamais réunis pour former des Sociétés auſſi conſidérables que celles qu'il y a eu juſques à préſent dans le Monde. Lorſque l'Homme poſſédant tout ce qu'il déſire n'a rien qui le trouble ou qui le tourmente, que pourroit-on ajouter à ſon bonheur? Qu'on me nomme un Commerce, un Art, une Science, une Dignité, ou un Emploi, qui ne dût être mis au rang des choſes ſuperflues & inutiles dans un état auſſi heureux.

Si nous pouſſons davantage cette idée, nous appercevrons facilement qu'aucune Société n'auroit jamais pu tirer ſon origine des aimables vertus, & des bonnes qualités de l'Homme; mais qu'au contraire toutes les Sociétés ont eu pour baſe, les beſoins, les imperfections, & la diverſité des appétits de la Nature Humaine. Nous
trou-

trouverons par conséquent que plus la vanité & l'orgueil des Hommes sont develloppés, & que plus leurs désirs sont multipliés & augmentés, plus aussi ils sont capables d'être élevés & réunis dans de grandes & nombreuses Sociétés.

Si l'Air, sans jamais offenser nos corps, nous eût été aussi agréable, qu'il l'est suivant toutes les apparences au plus grand nombre des Oiseaux dans un tems serein, & que nous n'eussions jamais ressenti ni vanité, ni luxe, ni hipocrisie, ni concupiscence, je ne vois point pourquoi nous aurions inventé les habits & les maisons.

Je ne dirai rien des Joïaux, de la Vaisselle, de la Peinture, de la Sculpture, des riches Meubles, & de toutes les autres choses que les rigides Moralistes ont appellées inutiles & superflues. Mais si nous ne nous étions jamais fatigués en marchant à pied, & que nous eussions toujours été aussi agiles que quelques autres Animaux; si les Hommes, naturellement laborieux, n'eussent jamais été assez déraisonnables pour chercher à satisfaire leurs aises; s'ils avoient été en même tems exempts des autres vices, & que la Terre eût été par-tout unie, solide & propre; qui auroit jamais pensé aux carosses, ou qui auroit jamais ôsé s'exposer sur un cheval? Quel besoin a le Dauphin d'un vaisseau, ou quelle voiture demanderoit l'Aigle pour voïager ?

J'espère que le Lecteur voit que j'entends par la *Société*, le Corps Politique que forment les Hommes qui subjugués par une force supérieure, ou qui tirés de leur état sauvage par la persuasion, sont devenus des Créatures disciplinées, qui trouvent leur propre avantage en travaillant à celui des autres. Gouverné alors par un Chef, ou soumis à telle autre forme de Gouvernement, chaque Membre est rendu utile au Tout ; & leur union est si forte, que par un habile ménagement ils sont capables d'agir tous ensemble, comme s'ils ne composoient qu'un seul Corps. Car si par la *Société* nous entendions uniquement un certain nombre de Gens, qui sans règle ni gouvernement vivroient ensemble, liés uniquement par une affection naturelle pour leur Espèce, ou par amour pour la Compagnie, comme un troupeau de Vaches ou de Brebis, je soutiens qu'il n'y a pas dans le Monde de Créature moins propre pour la Société que l'Homme. S'il y avoit cent Personnes seulement, qui toutes égales ne seroient soumises à aucun Supérieur dont elles eussent quelque chose à craindre, il est incontestable qu'éveillés ils ne sauroient vivre deux heures ensemble. Plus ils auroient de lumières, de force, d'esprit, de courage

&

& de résolution, moins ils pourroient s'accorder.

Il est probable que dans l'état sauvage de Nature, les Pères & les Mères exerçoient l'autorité sur leurs Enfans, au-moins pendant qu'ils étoient dans la vigueur de l'âge. Dans la suite le souvenir de ce qu'ils avoient éprouvé, put exciter dans le cœur des Enfans quelque chose, qui tenant le milieu entre l'Amour & la Crainte, formoit le sentiment que nous appellons Respect ou Révérence. Il y a même de l'apparence que la seconde Génération, suivant l'exemple de la prémière, ce prémier Homme put avec un peu d'habileté conserver pendant toute sa vie une autorité souveraine sur toute sa Postérité, quelque nombreuse qu'elle fût. Mais le vieux Tronc étant une fois mort, les Fils se querellèrent. La paix disparut du milieu d'eux. Bientôt il y eut des guerres parmi ces Frères. Le Droit d'aînesse n'est pas d'une grande force, & la prééminence qu'il donne fut uniquement inventée comme un moïen pour faire vivre en paix les Membres égaux d'une même Famille.

Cependant l'Homme, qui est un animal timide, & qui naturellement n'est pas rapace, aime la paix & le repos. Aussi ne se battroit-il jamais si personne ne l'offensoit, & que par un moïen plus doux il pût obtenir & se procurer les choses pour lesquelles il se bat. C'est à cette timide disposition, & à l'aversion qu'il a d'être troublé & inquiété, que font dûs tous les divers plans & les différentes formes de Gouvernement qui se voient dans le Monde. La Monarchie fut sans-doute la première forme de Gouvernement. Par l'Aristocratie & par la Démocratie on voulut corriger les inconvéniens qui résultent de la Monarchie. En mêlant & en réunissant ces trois différentes méthodes, on a mis la Société dans le plus haut point de perfection.

Mais que l'Homme soit dans l'état sauvage de simple Nature, ou entre les mains des Politiques, il est impossible, tandis qu'il restera Homme, qu'il agisse jamais dans une autre vue que pour plaire à soi-même. Pendant qu'il conserve l'usage de ses sens & de sa raison, ni son amour, ni son desespoir, ne sauroit avoir d'autre centre que son bonheur. Il n'y a pas de différence entre vouloir & trouver du plaisir dans l'usage de quelqu'un de ses sens. Tout mouvement qui est contraire ou opposé à ce plaisir, seroit nécessairement contre nature & convulsif. Puis donc que nos actions sont limitées, de manière que nous sommes toujours forcés de faire ce qui nous fait plaisir, il est impossible que nous eussions jamais pu devenir vraiment sociables, tandis que laissés libres, nos volontés & nos actions n'auroient point été gênées par aucune Loi. La preuve en est claire. Incapables de prévenir les idées qui s'excitent continueltinuellement chez nous, tout commerce civil doit nécessairement être détruit, à moins que par art, & par une prudente dissimulation, nous n'aprenions à cacher ces inclinations, & à les étouffer.

Si tout ce que nous pensons étoit découvert aux autres comme il l'est à nous-mêmes, il seroit impossible que doués de la parole nous fussions supportables les uns aux autres. Je suis persuadé qu'il n'est aucun de mes Lecteurs qui ne sente la vérité de ce que je dis. La conscience de mon Antagoniste lui fait de sanglans reproches, tandis que sa langue ose entreprendre de me réfuter. Dans toutes les Sociétés Civiles on apprend insensiblement aux Hommes, dès le berceau, à être hipocrites. Personne n'öseroit avouer qu'il gagne par les calamités publiques, ni même par les pertes que font les Particuliers. On lapideroit le *Sacristain*, s'il ôsoit souhaitter publiquement la mort de ses Paroissiens. Cependant personne n'ignore qu'il n'a autre chose pour vivre.

Quand je considère les affaires de la Vie Humaine, je goûte un plaisir infini en voïant les diverses formes que l'espérance du gain & les idées du lucre font revêtir aux Hommes, suivant les différentes occupations qu'ils ont, & les circonstances où ils se rencontrent. Quelle gaïeté & quelle joie ne paroissent pas sur le visage des Personnes qui se trouvent un Bal bien règlé? Au contraire, quelle solemnelle tristesse n'observe-t-on pas à la mascarade d'un Enterrement? Cependant je suis persuadé que le Maître des Cérémonies de cette Pompe Funèbre trouve tout autant de plaisir dans le profit qu'il en tire, que l'Ordonnateur d'un Bal peut en goûter dans l'argent qu'il reçoit pour ses peines. On ne sauroit même douter que ces deux Personnes ne s'ennuïent également dans leurs occupations. La gaïeté de l'un me paroît autant forcée, que la gravité de l'autre est affectée.

Ceux qui n'ont jamais fait attention à la conversation d'un Marchand bien mis, & d'une jeune Dame qui vient faire quelque emplette dans sa boutique, ont négligé une scène de la vie qui me paroît bien amusante. Je prie le Lecteur sérieux de vouloir bien suspendre sa gravité, tandis que j'examinerai ces deux Personnes séparément, & que je développerai, & les mouvemens qui se passent dans leurs cœurs, & les différens motifs qui les font agir.

Le Marchand se propose de vendre autant de Soie qu'il peut. Il cherche encore à s'en défaire à un prix qui lui procure un gain qu'il juge raisonnable, suivant les profits ordinaires du Commerce. Pour la Dame, elle n'a pas d'autre dessein que de satisfaire son goût, & d'acheter cinq ou six sous par verge meilleur marché
qu'on

qu'on ne vend ordinairement les marchandises dont elle a besoin.

Si cette Dame n'est pas absolument difforme, l'impression que la galanterie de notre sexe a fait sur elle, lui persuade qu'elle a bonne mine, que sa contenance est aisée, & qu'elle a une douceur particulière dans la voix. Si elle n'est pas belle, elle se croit jolie, ou tout au moins elle s'imagine qu'elle est plus agréable que la plupart des jeunes Femmes qu'elle connoit. Il n'y a que ses bonnes qualités seules qui puissent, à son avis, lui faire espérer d'obtenir les mêmes choses à meilleur marché que les autres. Aussi a-t-elle eu la précaution de se mettre avec tout l'avantage que son esprit & sa prudence ont pu lui inspirer. Elle ne pense point ici à l'amour; & par conséquent elle n'affecte point un air de hauteur tirannique, ni ne prend point de manières chagrines. Que dis-je! Rien ne l'empêchera de parler obligeamment, & d'être plus affable qu'elle ne peut presque l'être dans toute autre occasion. Instruite que quantité de Personnes bien élevées viennent à cette même boutique, elle tâche de se rendre aussi aimable que la vertu & les règles de la décence le lui permettent. Venant avec ces dispositions, il ne se peut rien présenter qui soit capable de déranger son tempéramment.

Son carosse n'est pas encore tout-à-fait arrêté, qu'elle se voit abordée par un Homme qui, à en juger par la manière dont il est mis, paroît un Grand-Seigneur. Tout ce qu'il a sur lui est propre & à la mode. Il lui rend ses hommages en esclave. Dès-qu'il sait qu'il aura le plaisir de la voir dans sa boutique, il s'empresse à l'y conduire. Après l'avoir quitée, on le voit dans un clin d'œil se glisser avec une légèreté inconcevable derrière son comptoir. Voïant ainsi cette Dame face à face, il la prie avec un profond respect, & dans les termes les plus à la mode, de vouloir bien lui donner ses ordres. Qu'elle dise, ou qu'elle desaprouve ce qu'elle trouvera à propos, elle est bien sure de n'être jamais directement contredite. Le Marchand est d'une patience consommée. C'est même un des mistères de son commerce. Quelque embarras qu'elle lui donne, elle ne doit point craindre de s'entendre dire quelque chose qui soit le moins du monde desobligeant. Le visage qu'elle a devant soi est toujours riant. La joie & le respect paroissent y être mêlés avec la bonne humeur. Tout cela compose une sérénité artificielle, plus engageante mille fois, que la simple Nature ne pourroit l'être.

Lorsque deux Personnes se rencontrent si bien, la conversation doit être & fort agréable & très-civile, quand même elle ne ne rouleroit que sur des bagatelles. Pendant que cette Dame paroissant irrésolue ne sait pour quelle Etoffe se déterminer, le Marchand semble lui donner ses conseils. Il agit avec beaucoup de prudence, lorsqu'il veut diriger son choix. Mais dès-qu'une fois elle s'est déterminée, il assure du ton le plus positif, que cette Pièce est effectivement la plus belle. Il loue le bon goût de l'*Acheteuse*. Plus il regarde l'Etoffe qu'elle a choisie, plus il s'étonne de n'avoir pas d'abord découvert la préférence que cette Pièce méritoit par-dessus toutes les autres qu'il a dans sa boutique. Les règles qu'il a apprises, les exemples qu'il a vus devant ses yeux, & sa grande application, lui ont appris à s'insinuer imperceptiblement dans les replis les plus cachés de l'ame, à sonder le goût de ses Pratiques, & à découvrir leurs foibles les plus secrets. Tout cela lui apprend cinquante autres stratagêmes, pour faire que cette Dame estime à l'excès son choix, son discernement, son bon goût, & la marchandise pour laquelle elle s'est déterminée.

Dès-que le choix est fait, il reste à régler le point le plus essentiel du Commerce, je veux parler du prix. C'est ici que le Marchand a un avantage infini sur la Dame, puisqu'il le sait jusqu'à une obole, au lieu que la Dame n'en a aucune connoissance. Aussi faut-il avouer que profitant à merveille de cette ignorance, il en im-

impose à la Dame en mille manières. Non content de dire les mensonges qu'il veut, & par rapport à ce que la marchandise lui a couté d'achat, & par rapport à l'argent qu'il en a déjà refusé, il attaque encore la vanité de cette Dame. Pour cet effet il cherche à lui faire accroire les choses les moins vraisemblables, tant sur sa propre foiblesse, que sur l'habileté supérieure qu'elle fait paroître à acheter. „ J'avois pris, *dit-il*, la résolution de ne „ jamais me défaire de cette Pièce qu'à „ un tel prix ; mais vous avez eu le pou- „ voir de m'ébranler par vos discours, & „ de m'en faire diminuer le prix, plus „ qu'aucune Personne à qui j'aïe jamais „ vendu. Il proteste qu'il perd sur cette „ Etoffe ; mais que voïant qu'elle lui „ plaît, & qu'elle est résolue à n'en pas „ donner davantage, il la lui laissera, plu- „ tôt que de desobliger une Dame pour „ qui il a infiniment d'estime. Il finit par „ la prier de ne pas tant marchander une „ autre fois."

Cependant l'*Acheteuse*, qui ne sait que trop qu'elle n'est point sotte, & qu'elle a une grande volubilité de langue, se laisse facilement persuader qu'elle parle d'une manière fort engageante. S'imaginant que la bonne éducation exige simplement qu'elle desavoue le mérite qu'on lui attribue, elle retorque par quelques reparties ingénieuses, les complimens qui lui sont adressés, & dont elle a ressenti toute la

satis-

satisfaction possible. Le résultat de tout cela, c'est que contente de croire avoir gagné neuf soux par verge, elle en donne le même prix que toutes les autres. Peut-être même qu'elle donnera six soux de plus, plutôt que de ne pas faire cette emplette.

Il peut arriver que cette Dame, ou croïant n'avoir pas été suffisamment flattée, ou choquée de quelque défaut qu'il lui plaît de trouver dans les manières de ce Marchand, ou dans le nœud de sa cravate, ou dans quelque autre chose tout aussi essentielle, quitera cette boutique, & qu'elle donnera sa pratique à quelqu'autre. Mais il n'est pas toujours facile de déterminer quelles boutiques hanteront certaines Dames. Les raisons qu'elles pourront avoir pour donner la préférence entre plusieurs Marchands dont les boutiques se touchent, sont également bizarres & secrettes.

Nous ne nous livrons jamais à nos inclinations avec plus de liberté, que dans les cas où l'on ne sauroit, ni les suivre pas à pas, ni les soupçonner. Une Femme vertueuse a toujours préféré une Maison à toute autre, parce qu'elle y a vu un beau Marchand. Une autre Dame, qui ne passe pas pour être d'un mauvais caractère, se détermine pour une boutique où elle a reçu plus de civilités & de politesses que dans toute autre, lorsque sans avoir la moindre pensée d'acheter, elle alloit mo-
deste-

destement à la Cathédrale de *St. Paul* † : car les beaux Marchands doivent se conformer à la mode. Pour cet effet il faut qu'ils se tiennent devant leur porte, pour attirer chez eux les Personnes qui passent par hazard. Evitant avec soin toute familiarité, & toute importunité, ils doivent revêtir un air complaisant, & une posture soumise. Peut-être conviendroit-il qu'ils fissent une révérence à toutes les Femmes bien mises, qui daignent regarder du côté de leurs boutiques.

Ce que je viens de dire me rappelle une autre manière toute opposée d'attirer des Chalands. Je veux parler de celle que pratiquent les Bateliers sur la *Tamise*, surtout lorsque par la mine & par les habillemens de ceux qu'ils veulent s'attirer, ils les reconnoissent pour être des Païsans novices. Rien de plus amusant que de voir une demi-douzaine de ces Gens grossiers, environner un Homme qu'ils voient pour la prémière fois. Les deux qui peuvent l'approcher de plus près, l'embrassent & le serrent d'une manière aussi cordiale & aussi familière, que si c'étoit un de leurs Frères revenus depuis peu d'un voïage dans les *Indes Orientales*. Un troisième se saisit de sa main, un autre de sa manche, de son habit, de ses boutons, ou de ce

qu'il

---

† Cette Eglise de *Londres* passe pour la plus belle du Monde, après celle de *Saint Pierre à Rome*.

qu'il peut attraper ; pendant qu'un cinquième ou un sixième, qui a déjà couru deux fois autour de lui sans pouvoir le saisir par aucun endroit, se plante vis-à-vis de lui. Placé à trois pouces de son nez, il condamne ses rivaux. Criant alors à plein gozier, il lui montre une effroyable rangée de dents larges, & un petit reste de pain & de fromage, que l'arrivée du Païsan l'avoit empêché d'avaler.

Cet Homme, si cruellement maltraité, ne s'offense point de tout cela. Le Païsan croit bonnement que ces gens font grand cas de lui. C'est pourquoi, bien loin de s'opposer à leur brutalité, il supporte patiemment d'être poussé ou tiré du côté que ces gens qui l'environnent le dirigent. Accoutumé dès son enfance à l'ordure & à la sueur, il n'est pas assez délicat pour trouver du dégoût dans la respiration d'un Homme qui vient d'éteindre sa pipe, ou dans les cheveux gras qui viennent frotter ses machoires. Dix personnes, dont quelques-unes sont à ses oreilles, & dont les plus éloignées ne sont pas à cinq pieds de lui, s'égozillent comme si celui à qui ils parlent étoit à la distance de cent verges. Tout cela ne l'incommode point. Persuadé qu'il ne fait pas moins de bruit quand il est lui-même de bonne humeur, il goûte un plaisir secret dans leurs manières tumultueuses. En le tirant & en le poussant, ils lui font faire le chemin qu'il avoit intention de suivre.

Il trouve en cela beaucoup de complaisance. Il ne peut s'empêcher de leur souhaiter du bien, pour l'estime qu'ils paroissent avoir pour lui. Le Païsan voit avec plaisir qu'on fasse attention à lui. Il admire les habitans de *Londres*, en les voïant si pressans à lui offrir leurs services pour la valeur tout au plus de trois soux. Comparant ce qu'il éprouve, avec ce qui lui arrive à la campagne dans la boutique où il se sert, il rappelle qu'il n'y peut avoir quoi que ce soit, à moins qu'il ne le demande prémièrement. Il se souvient qu'encore qu'il y dépense trois ou quatre *shellings* à la fois, on lui dit à peine une parole, si ce n'est pour répondre à la question qu'il a été forcé de faire le prémier. L'allegresse que cause sa venue, excite les sentimens de sa gratitude. Craignant de desobliger quelqu'une de ces personnes si complaisantes, il ne sait sur qui il doit faire tomber son choix. J'ai vu avec la dernière évidence un Homme penser à tout cela, ou à quelque chose de semblable. Fort content de se mouvoir, accablé par ces Bateliers, je l'ai vu avec un visage riant porter ainsi jusqu'au bord de la *Tamise* soixante à quatre-vingt livres de plus que son propre poids.

Si je n'ai pas répandu d'enjouement sur les deux Tableaux que je viens de tracer, & qu'ils paroissent bas & peu convenables, j'en suis fâché : mais je promets de ne plus tomber dans une pareille faute, & de con-

continuer, sans perdre de tems, à traiter mon sujet avec une simplicité naturelle. Dans ce but je ferai voir combien est grossière l'erreur de ceux qui s'imaginent que les Vertus sociables & les aimables Qualités qu'on loue dans les Hommes, sont tout aussi utiles au Public qu'aux Particuliers qui les possèdent. Je montrerai qu'il est absurde de croire que les mêmes moïens qui font fleurir les Familles, & qui procurent la prospérité & le bonheur réel des Particuliers, produisent le même effet sur toute la Société. J'avoue que je me suis fort étendu sur ce sujet, & je me flatte que ce n'est pas sans succès. Mais j'espère aussi que personne n'aura plus à l'avenir mauvaise opinion d'une proposition, dont la vérité sera établie en plusieurs manières.

Il est certain que moins un Homme a de désirs, & que plus il est content de ce qu'il possède, moins il sera incommode à lui-même; que plus il est actif à supléer par lui-même à ses besoins, & que moins il exige d'être servi, plus un tel Homme sera aimé, & moins il incommodera sa Famille; que plus il aime la paix & la concorde, plus il aura de charité pour son Prochain, plus il brillera par des vertus réelles, & plus il sera agréable à Dieu & aux Hommes. Mais jugeons sainement des choses. De quel profit peuvent être ces qualités, ou quel bien terrestre peuvent-elles procurer ?
Com-

Comment veut-on qu'elles avancent l'opulence, la gloire, & la grandeur mondaine des Nations ? C'est le Courtisan sensuel & voluptueux, qui ne met point de bornes à son luxe. C'est la Femme Volage, la Coquette, & la Débauchée, qui inventent toutes les semaines de nouvelles modes. C'est l'orgueilleuse Duchesse, qui dans son équipage, dans les festins qu'elle donne, & dans toute sa conduite, voudroit trancher de la Princesse. C'est l'Homme dépensier & l'Héritier prodigue, qui dissipent leur argent sans discernement, pour se procurer tout ce qu'ils voient ; mais qui bientôt le détruisent, ou qui le donnent dès le lendemain. C'est l'Avare, & le Parjure abominable, dont les immenses trésors, qui ont couté tant de larmes aux Veuves & aux Orphelins, sont laissés à des Héritiers prodigues. Ce sont ceux-là qui sont la proie & la vraie nourriture de la Société, ce *Léviathan* monstrueux. Ou, pour parler en d'autres termes, telle est la condition des Affaires Humaines, que les Pestes & les Monstres que j'ai nommés, sont nécessaires pour exécuter tant d'Ouvrages admirables que les Hommes ont pu inventer, & pour faire vivre honnêtement tant de Pauvres, qui sont inséparables de toutes les grandes Sociétés. Il y a de l'extravagance à croire que les Nations grandes & opulentes puissent sub-

subsister sans cela, & être en même tems puissantes & polies.

Je blâme le *Papisme* tout autant que *Luther*, *Calvin*, ou la Reine *Elisabeth* elle-même ait jamais fait. Mais je doute beaucoup que dans le fond, la Réformation ait été aussi utile à faire fleurir les Roïaumes & les Etats qui l'ont embrassée, que la ridicule & bizarre invention des Paniers & des Jupes piquées.

Si cependant les Ennemis du pouvoir des Prêtres me nioient ce que j'avance ici, du-moins je suis sûr qu'à la réserve des Grands Hommes qui ont combattu, soit pour procurer cet avantage aux Laïques, soit pour les en priver; je suis sûr, dis-je, que cette Réformation, depuis son premier commencement jusqu'à ce jour, n'a pas emploïé autant de mains honnêtes, industrieuses & laborieuses, qu'en a occupé depuis peu d'années l'abominable perfection où le Luxe des Femmes est monté; Luxe dont j'ai déjà parlé. La Religion est une chose, & le Commerce en est une autre. Celui qui donne le plus d'embarras à mille de ses Voisins, & qui invente les plus pénibles Ouvrages, est, bon-gré malgré qu'il en ait, le plus grand Bienfaiteur de la Société.

Quel tracas ne faut-il pas en différentes parties du Monde, avant que de pouvoir produire la belle Ecarlate, ou le Drap Cramoisi! Quelle multiplicité de Métiers & d'Artisans n'exigent-ils pas, avant que

Tome II. N d'en

d'en venir à bout ? Outre les travaux ordinaires, tels que sont ceux du Peigneur, du Fileur, du Tisserand, du Drapier, du Dégraisseur, du Teinturier, du Foulon & de l'Emballeur, il y a encore d'autres Ouvriers, qui étant plus éloignés peuvent y paroître étrangers, comme les *Faiseurs* de Moulins, les Potiers d'Etain, & les Chimistes. Les Artistes sont cependant tous nécessaires, ainsi qu'un grand nombre d'autres, qui doivent fournir d'outils, d'utencilles & d'autres instrumens les Arts ci-dessus nommés.

Toutes ces choses se faisant dans le Païs, elles peuvent être exécutées sans beaucoup de fatigues, & sans s'exposer à de grands périls. Mais quelle terrible perspective ne se présente pas à notre vue ! quand nous réfléchissons sur les peines & sur les dangers auxquels on s'expose dans les voïages de long cours, sur les vastes Mers qu'il nous faut parcourir, sur les diverses Nations auxquelles nous sommes redevables des différentes choses qui entrent dans la composition de ces Draps.

L'*Espagne* seule, il est vrai, peut nous fournir la laine pour les fabriquer. Mais quelle adresse & quelle peine, quelle expérience & quelle habileté ne sont pas requises pour leur donner ces superbes couleurs ! Combien ne sont pas dispersés par l'Univers les Drogues & les autres Ingrédiens qui doivent se rencontrer dans
une

une chaudière pour former la couleur! L'Alun, il est vrai, se trouve dans notre Ile. Nous pouvons tirer le Tartre du *Rhin*, & le Vitriol de *Hongrie*. Tout ceci se trouve en *Europe*. Mais pour se procurer du Salpêtre en assez grande quantité, nous sommes obligés d'aller jusqu'aux *Indes Orientales*. La Cochenille, inconnue aux Anciens, n'est pas beaucoup plus près de nous, quoique dans une partie tout-à-fait différente de la Terre. Nous l'achetons, il est vrai, des *Espagnols*: mais comme elle n'est pas de leur cru, ils sont obligés eux-mêmes de l'aller chercher pour nous dans le Coin le plus reculé du Nouveau-Monde, je veux dire dans les *Indes Orientales*. Pendant que tant de Mariniers se brûlent & étouffent de chaud à l'Orient & à l'Occident de l'*Angleterre*, une autre Bande de Matelots gèle dans le Nord pour aller chercher des Cendres de *Russie*.

Quand nous sommes parfaitement au fait de toutes les peines & de tous les travaux, des misères & des maux qu'on doit souffrir, avant que d'être en état de fournir de l'Ecarlate, ou un Drap Cramoisi; quand nous considérons les grands risques & les périls qu'on court dans ces voïages, qui se font presque toujours aux dépens de la santé, de la prospérité, & de la vie de plusieurs personnes; quand, dis-je, nous connoissons, & que nous examinons comme il faut toutes ces choses, il est presque impossible de concevoir un Tiran, qui les considérant du même point de vue, fût assez inhumain pour exiger d'aussi terribles services de ses innocens Esclaves, & qui fût assez effronté pour ôser dire en même tems qu'il impose ces travaux, uniquement pour avoir la satisfaction de porter un habit d'Ecarlate, ou de Drap Cramoisi. A quel point donc le Luxe d'une Nation ne doit-il pas être parvenu, lorsque non seulement les Officiers du Roi & ses Gardes, mais encore les simples Soldats, auroient des désirs si pleins d'impudence & d'arrogance?

Mais si tournant la médaille nous regardons tous ces travaux comme autant d'actions volontaires, qui appartiennent aux différentes Vocations que les Hommes exercent pour gagner leur vie, & que chacun remplit uniquement pour soi-même, quoiqu'il paroisse ne travailler presque que pour les autres: Si nous considérons que les Matelots mêmes qui essuïent les plus grands desastres, cherchent & sollicitent de l'emploi dans un autre Vaisseau, dès-que leur voïage est fini, après même qu'ils ont fait naufrage: Si, dis-je, nous envisageons toutes ces choses sous ce dernier point de vue, nous trouverons que le travail du Pauvre, bien loin de lui être un fardeau & un joug, il le regarde au contraire comme un bien qu'il demande au Ciel dans ses prières. Aussi le plus grand soin de tout Gouvernement bien

réglé

réglé, c'est de tâcher de procurer de l'occupation à la plus grande partie des Pauvres.

Les Enfans, même les plus petits, sont les singes des autres. Tous les Jeunes-Gens des deux sexes ont un désir si violent de paroître des Personnes faites, qu'ils deviennent souvent ridicules par les impatiens efforts qu'ils font pour paroître ce que chacun d'eux sait qu'il n'est point. Toutes les Grandes Sociétés ne sont pas peu redevables à cette folie, de la conservation non interrompue des différens Commerces & des Arts qui sont une fois établis. Quelles peines ne prendront pas les Jeunes-Gens ! Quelle violence ne se feront-ils pas pour acquérir des qualités inutiles, & souvent même blâmables ! Qualités qu'ils admirent, faute de jugement & d'expérience, dans ceux qui leur sont supérieurs en âge. Ce panchant des Hommes à l'imitation, les accoutume ainsi par degrés à l'usage des choses qu'ils trouvoient au commencement desagréables, pour ne pas dire insupportables. Il arrive ainsi qu'ils ne sauroient abandonner ces objets, lors même qu'ils sont souvent fâchés d'avoir augmenté, inconsidérément & sans aucune nécessité, ce qu'il faut pour le nécessaire de la vie.

Quelles richesses n'a-t-on pas gagné avec le Thé & le Caffé ! Quel vaste trafic ne procurent pas ces deux seuls articles ! Quelle variété de travaux n'y a-t-il pas dans le Monde, qui font vivre des milliers de Familles ! J'entens par-là ces Personnes qui subsistent uniquement par le secours de deux Coutumes très-ridicules, si même on ne doit pas les appeller odieuses. Je veux parler de la coutume de prendre du Tabac & de celle de Fumer. Il est certain qu'elles font toutes les deux plus de mal que de bien à ceux qui y sont adonnés. Je dis plus, & je veux montrer l'utilité qui revient au Public des pertes & des maux qu'essuïent les Particuliers. Je ferai aussi voir quelle est la folie des souhaits que nous faisons, dans le tems que nous prétendons être les plus sages & les plus sérieux. Il est incontestable que l'Incendie * de *Londres* fut un très-grand malheur. Cependant si on eut recueilli les voix parmi les Charpentiers, les Maçons, les Forgerons, & parmi ceux qui furent emploïés à rebâtir ces Maisons, qui fabriquoient ou qui trafiquoient des Ouvrages, des Etoffes, & des Marchandises qui furent consumées par le feu, & enfin parmi tous les Ouvriers subalternes qui subsistent par le moïen de ces

---

* Il est arrivé le 2. de Septembre de l'An 1666. Pendant trois jours que ce feu dura, il consuma 13200. Maisons, la Cathédrale de St. Paul, 87. Eglises Paroissiales, 6. Chapelles, la Maison de la Douane, la Bourse, la Maison de Ville, & plusieurs autres magnifiques Bâtimens publics &c. Les plus modérés font monter la perte causée par cet incendie à neuf millions de livres sterling.

ces gens-là : Si, dis-je, on eut recueilli les voix, leur suffrage auroit si bien balancé celui des Lèzés, que le nombre des personnes qui profitèrent de cet incendie, auroit bien été égal à celui de ceux qui y perdirent, si même il ne l'eût pas surpassé. Une grande partie du Négoce consiste à recruter & à réparer ce qui est perdu & détruit par le feu, par les tempêtes, par les batailles navales, par les sièges, & par les combats. Ce que je vai dire fera encore sentir plus clairement la vérité de tout ce que j'ai avancé sur la Nature de la Société.

Ce seroit une tâche également longue & difficile, que de faire l'énumération de tous les avantages & des différens profits qui reviennent à une Nation, des Embarquemens & de la Navigation. Mais considérons seulement les Vaisseaux en eux-mêmes, & chaque Bateau, grand & petit, dont on se sert pour aller sur l'eau, en prenant depuis le moindre Bachot, jusques à un Vaisseau de Guerre du prémier rang. Faisons attention au Bois de charpente, & aux Mains qui sont emploïées à les construire. Examinons la Poix, le Goudron, la Résine, la Graisse, les Mâts, les Vergues, les Voiles & les Agrès; les Ouvrages de fer, les Cables, les Rames, & toutes les autres choses nécessaires pour équiper les Vaisseaux; nous trouverons par cet examen
qu'u-

qu'une grande partie du Commerce de l'*Europe* consiste à fournir de tout cela seulement la Nation *Angloise*. Remarquez encore que je ne parle point ici des Munitions de guerre & de bouche qu'on consume sur les Vaisseaux, ni des Mariniers, Matelots, & autres Personnes qui subsistent par ce moïen avec leurs Familles.

Pourrons-nous voir d'un autre côté, sans être troublé, le grand nombre de malheurs & de maux, tant moraux que phisiques, qu'attirent sur la Nation les Voïageurs sur mer, & le Commerce qu'ils ont avec les Étrangers ? Supposons une Ile grande & bien peuplée d'habitans, qui ne connoissant point-du-tout ni les Vaisseaux ni la Navigation, composeroient un Peuple sage & bien gouverné. Supposons que quelque Ange, ou que leur Génie Tutélaire, mît devant eux une peinture, qui leur montrât d'un côté toutes les richesses & tous les avantages réels que la Navigation leur procureroit dans mille ans ; & de l'autre, la santé & les vies qui périroient dans cette occupation, ainsi que tous les autres malheurs qui en découleroient inévitablement. Je suis assuré que ce Peuple regardant les Vaisseaux avec horreur, feroit une sévère défense de construire ou d'inventer quelque Bâtiment ou quelque Machine que ce fût pour aller sur mer, quelque figure & quelque dé-

dénomination qu'on lui donnât. Bientôt le sage Gouvernement interdiroit toute invention pareille comme abominable, & menaceroit de grosses amendes, si ce n'étoit pas même de mort, ceux qui ôseroient enfraindre cette Ordonnance.

Sans parler des suites également dangereuses & nécessaires qu'entraîne après soi le Commerce Etranger, telles que sont la Corruption des Mœurs, la Peste, la Vérole, & les autres Maladies qui nous sont apportées par les Vaisseaux ; jettons seulement les yeux sur ces malheureux effets que produisent les Vents, les Tempêtes, la perfidie des Mers, les glaces du Nord, la vermine du Sud, l'obscurité des Nuits, les Climats malsains, ainsi que tous les cruels maux occasionnés par le manque de bonne nourriture, par la faute des Mariniers, par la mal-adresse de quelques-uns des Matelots, par la négligence & l'ivrognerie des autres. Considérons les pertes d'Hommes & les Trésors engloutis par les Mers, les larmes & l'indigence des Veuves & des Orphelins que la Mer a fait naître, la ruine des Marchands & leurs suites, les inquiétudes continuelles où les Pères, les Mères & les Femmes sont pour la vie de leurs Enfans & de leurs Maris. Je ne fais pas seulement mention des angoisses & des terreurs qu'éprouvent dans une Nation commerçante les Propiétaires des Vaisseaux, & les Assureurs à chaque bouffée de Vent. Jettons, dis-je, les yeux sur ces choses, & considérons-les avec l'attention qu'elles méritent. Alors nous ne pourrons nous empêcher d'être surpris qu'une Nation composée de gens qui réfléchissent, puisse parler de leurs Vaisseaux & de la Navigation comme d'un avantage singulier ; & comment il est possible qu'on puisse placer une grande partie de la félicité à avoir sur le vaste *Océan* un grand nombre de Vaisseaux, dont les uns vont, tandis que les autres reviennent de chaque partie de l'Univers.

Voïons seulement ce que les Vaisseaux souffrent. Je ne veux parler ici ni de leur cargaison, ni des Ouvriers qui les ont construits. Je veux faire mention seulement des Navires considérés en eux-mêmes, de leurs agrès, & de tout ce qui en dépend. Or il est certain que le dommage souffert de cette manière seulement, est très-considérable, & qu'il monte nécessairement à de grosses sommes chaque année l'une portant l'autre. Les Bâtimens qui sont coulés à fond, qui se sont brisés contre des Rocs, ou qui ont échoué sur des Bancs de sable, soit par la violence des Tempêtes, soit par le manque de Pilotes expérimentés qui connussent les Côtes ; les Mâts renversés, ou qu'on est forcé de couper, & de

jet-

jetter dans la mer; les Vergues, les Voiles & les Cordages de différentes grosseurs rompus & usés par les Orages, & les Ancres qu'on a perdues. Ajoutez-y les réparations nécessaires que l'on est obligé de faire, les voies d'eau, & les autres dommages causés par la rage des Vents furieux & par la violence des Vagues. Plusieurs Vaisseaux n'ont-ils pas été mis en feu par la négligence des Matelots, & par l'usage des Liqueurs fortes, auxquelles personne n'est plus adonné que les Mariniers? Quelquefois un Climat mal-sain, d'autrefois les mauvaises Nourritures produisent des maladies si fatales, qu'elles font périr la plus grande partie de l'Equipage; & il y a un grand nombre de Vaisseaux qui périssent faute de monde.

Ce sont-là autant de malheurs inséparables de la Navigation, qui paroissent être de grands obstacles au Commerce Etranger. Combien un Marchand ne se croiroit-il donc pas heureux, si ses Vaisseaux avoient toujours beau tems & un vent favorable? Quelle ne seroit pas sa joie, si chaque Marinier & chaque Matelot qu'il emploie, étoit habile, expérimenté, soigneux, sobre & honnête-homme? Que ne feroit-il pas pour avoir un tel bonheur? Si par des prières on pouvoit l'obtenir, quel est le Propriétaire de Vaisseaux, quel est le Négociant en *Europe*, que dis-je! quel
Hom-

Homme y a-t-il dans le Monde, qui n'importunât continuellement le Ciel pour qu'il lui accordât un tel bienfait, sans s'embarrasser de la perte réelle qui en arriveroit aux autres ? Une telle demande seroit certainement très-déraisonnable. Cependant où est l'Homme qui ne s'imagine d'avoir le droit de la faire ?

Je dis que cette demande est déraisonnable. Chacun en effet a un droit égal à ces faveurs. Supposons donc, sans réfléchir sur l'impossibilité de la chose, que ces demandes pussent être toutes exécutées, & que tous ces souhaits pussent être accomplis, examinons quelle seroit la suite d'un tel bonheur.

Les Vaisseaux dureroient tout au moins aussi long-tems que des Maisons de bois, puisqu'ils sont aussi solidement bâtis, & que les Cabanes sont exposées à la fureur des Vents & des Orages auxquels les Vaisseaux ne seroient point exposés suivant notre supposition. Et par conséquent avant que l'on eût besoin de nouveaux Vaisseaux, tous les Architectes qui existent à-présent, tous les Ouvriers qui travaillent sous eux, & tous ceux qui sont emploiés sur les Vaisseaux, seroient morts, ou de mort naturelle, ou de mort violente.

Prémièrement, si tous les Vaisseaux avoient ainsi toujours bon vent, ils feroient fort promptement leurs voïages,

soit

soit en allant, soit en revenant. En second lieu, il n'y auroit jamais de Marchandises endommagées par la mer, ni on n'y en jetteroit point à cause de la tempête. Puisque suivant cette supposition la charge entière du Navire arriveroit toujours sûrement au port, les trois-quarts des Vaisseaux Marchands qu'il y a aujourd'hui seroient inutiles. Les Bâtimens qu'il y a actuellement dans le Monde suffiroient ainsi pour une longue suite d'années. Puisque les Mâts & les Vergues dureroient autant que les Navires mêmes, nous n'aurions pas besoin encore d'aller troubler de long-tems la *Norvègue* pour en tirer du Bois. Les Voiles & les Agrès à-la-vérité du petit nombre de Vaisseaux dont on feroit usage s'useroient, mais ils dureroient quatre fois autant qu'aujourd'hui; car ils souffrent souvent plus pendant une heure de tempête, qu'en dix jours de beau tems.

On auroit très-rarement besoin d'Ancres & de Cables, & chacun d'eux dureroit un tems très-considérable. Ce seul article accommoderoit très-peu les Forgerons & les Cordiers. La petite quantité de consommation qu'il y auroit, influéroit d'une telle manière sur les Marchands de Bois de charpente, & sur tous ceux qui négocient en Fer, en Toiles pour les voiles, en Chanvre, en Poix, en Goudron, &c. que quatre cinquièmes de ces articles que j'ai dit, dès le commenmencement de cette Réflexion sur la Navigation, faire actuellement une Branche très-considérable du Commerce, deviendroient entièrement inutiles.

J'ai touché jusques-ici les suites funestes que cet avantage particulier auroit sur le Public, relativement aux Embarquemens. Mais elles ne seroient pas moins nuisibles à toutes les autres Branches du Commerce, ni moins préjudiciables aux Pauvres de tous les Païs, qui envoient chez les Etrangers quelque chose de leur cru, ou des Ouvrages fabriqués chez eux. Les Effets & les Marchandises, qui chaque année sont englouties par la mer; gâtées par l'eau salée, par la chaleur, par la vermine; détruites par le feu, ou perdues pour le Marchand par d'autres accidens, comme par les orages, par les voïages de long cours, par la négligence ou par la friponnerie des Matelots. Ces Marchandises-là, dis-je, faisant une considérable partie de ce qui sort chaque année du Païs, doivent avoir occupé une grande multitude de Pauvres, avant qu'on ait pu les débarquer. Cent Balots de Drap brûlés, ou coulés à fond dans la *Méditerranée*, sont tout aussi utiles aux Pauvres d'*Angleterre*, que s'ils étoient heureusement arrivés à *Smirne*, ou à *Alep*, & que chaque Verge en eût été vendue en détail dans les Etats du Grand Seigneur.

Le Marchand peut faire banqueroute, & entraîner dans sa perte le Drapier, le
Tein-

Teinturier, l'Emballeur, & d'autres Artisans. Tous les Ouvriers qui tiennent le milieu entre le Marchand & le Pauvre, peuvent en souffrir ; mais le Pauvre qui a travaillé les Marchandises, ne peut jamais perdre. Les Ouvriers qui travaillent à la journée, reçoivent ordinairement leur paie toutes les semaines. Et par conséquent tous ceux qui ont été emploïés, ou dans quelqu'un des Ouvrages de la Manufacture elle-même, ou à en transporter les matériaux, tant sur terre que sur l'eau ; tous ceux en un mot qui travaillent aux Etoffes, depuis que la laine est tirée du dos de la Brebis, jusques à ce qu'elle soit dans le Vaisseau, ont été païés, du-moins en grande partie.

Si quelqu'un de mes Lecteurs tirant des conséquences à l'infini de mes principes, en concluoit que je suis dans l'idée que les Marchandises coulées à fond, ou brûlées, sont tout autant utiles aux Pauvres, que si étant bien vendues elles avoient été emploïées à leurs propres usages ; je regarde cela comme une chicane, qui ne mériteroit pas de réponse. S'il pleuvoit toujours, & que le Soleil ne luisît jamais, n'est-il pas évident que les Fruits de la Terre seroient bien-tôt corrompus & détruits ? Cependant y auroit-il du paradoxe à affirmer que la pluïe est aussi nécessaire que la lumière du Soleil, pour avoir de l'Herbe & du Bled ?

Ce que j'ai dit jusques-ici montre évidemment de quelle manière les vents favorables & le beau tems continuel influëroient sur les Mariniers eux-mêmes, & sur toute la race des Matelots. A peine auroit-on besoin d'un quart autant de Vaisseaux qu'aujourd'hui. Les Navires eux-mêmes n'aïant ainsi aucun orage à craindre, on n'auroit pas à beaucoup près besoin d'autant de mains pour la manœuvre. Et par conséquent il faudroit cinq sixièmes de Mariniers de moins que nous n'avons à-présent. Diminution qui pour notre Nation seroit un malheur réel, puisqu'actuellement il n'y a presque pas assez d'ouvrage pour faire vivre tous nos Pauvres.

Le nombre des Mariniers étant ainsi diminué, il seroit impossible d'équiper d'aussi formidables Flottes que nous le pouvons à-présent. Cependant je ne considère point ceci comme un fort grand inconvénient. Tout ce qui en pourroit arriver; c'est que cette réduction des Mariniers étant générale par tout le Monde, les Puissances Maritimes seroient obligées en cas de guerre, de se battre avec peu de Vaisseaux. Mais bien loin d'être un mal, ce seroit plutôt un bien.

Voudriez-vous voir cette félicité au plus haut point de perfection qu'elle puisse atteindre ? Ajoutez-y encore un bien très-désirable. Supposez que toutes les Nations soient toujours en paix. Le bien

que

que j'infinue eſt de nature, que tout bon Chrétien eſt obligé de le ſouhaiter & de le demander. C'eſt que tous les Princes, & que tous les Etats fidèles à leurs promeſſes & à leurs ſermens, juſtes les uns envers les autres auſſi bien qu'envers leurs propres ſujets, aïans plus d'égards pour leur conſcience & pour la Religion, que pour l'Etat Politique & pour la Sageſſe Mondaine. C'eſt qu'ils préfèrent toujours le bien Spirituel des autres, à leurs propres déſirs Charnels; & la probité, la ſureté, la paix & la tranquilité des Nations qu'ils gouvernent, à l'amour pour la gloire, à l'eſprit de vengeance, à l'avarice & à l'ambition.

Ce que je dis paroîtra peut-être à pluſieurs de mes Lecteurs une Digreſſion aſſez éloignée de mon ſujet. Mais j'ai voulu démontrer par-là que la bonté, l'intégrité, & des diſpoſitions à la paix dans les Directeurs & les Gouverneurs des Nations, ne ſont pas des qualités plus propres à les agrandir, & à en augmenter le nombre des Habitans, que ne le feroit une ſuite non interrompue d'heureux ſuccès, dont chaque Particulier feroit béni, s'il lui étoit poſſible. Proſpérité qui, comme je l'ai montré, feroit nuiſible & pernicieuſe à une Société, qui feroit conſiſter ſa félicité dans la grandeur mondaine, & qui enviée par ſes Voiſins s'eſtimeroit à cauſe de ses forces & de la haute réputation qu'elle auroit acquise.

Personne n'a besoin de se mettre en garde contre la félicité, mais ce sont les calamités qui exigent des mains pour les éloigner. Les aimables qualités de l'Homme n'en portent jamais aucun à se soulever : sa probité, son amour pour la compagnie, sa bonté, son contentement & sa frugalité, sont tout autant de consolations pour une Société indolente. Plus ces qualités sont réelles & sincères, plus la paix & la tranquilité règnent dans la Nation, & mieux elles préviennent partout le trouble, & même le soulèvement. On pourroit presque dire la même chose des dons & des bienfaits du Ciel, ainsi que de toutes les bontés & les faveurs de la Nature. Plus ces biens sont répandus, plus ils sont abondans, moins nous sommes obligés de travailler. Il n'y a que nos besoins, nos vices, & nos imperfections, qui, jointes à l'intempérie de l'Air, & à la cruauté des autres Elémens, renferment les principes de tous les Arts, de l'Industrie & du Travail. Ce sont les excès du Chaud & du Froid, l'inconstance & la rigueur des Saisons, la violence & les changemens subits des Vents, la grande force des Eaux qui se débordent lorsqu'on s'y attend le moins, la rage & la fureur indomptable du Feu, l'ingratitude & la stérilité de la Terre, qui sont la Mère
des

des Inventions. Les incommodités que ces défauts nous causent, nous ont fait trouver des expédiens pour éviter les maux que ces objets peuvent causer, pour corriger leur malignité, & pour tourner leurs diverses propriétés à notre propre avantage, par mille moïens différens. Au milieu de tous ces soins, nous sommes occupés à supléer à la variété infinie, qui augmenteront toujours, à mesure que nous avancerons en connoissances, & que nos désirs se multipliéront. La Faim, la Soif & la Nudité sont les prémiers Tirans qui nous forcent à nous remuer. Ensuite notre Vanité, notre Paresse, notre Sensualité, & notre Légèreté, sont les grands Protecteurs des Arts & des Sciences, du Commerce, des Métiers, & des différentes Vocations; pendant que les Grands Intendans, la Nécessité, l'Avarice, l'Envie, & l'Ambition tiennent chacun des Membres de la Société dans la classe qui lui appartient, & dans le travail qui lui a été assigné. Tous les Membres sont ainsi obligés de se soumettre, la plupart d'entr'eux à-la-vérité avec joie, à l'ocupation basse & servile de leur vocation. Je n'en excepte pas même les Rois & les Princes.

Plus est grande la variété des Commerces, des Métiers & des Manufactures, plus ils sont pénibles. Plus aussi le nombre des branches dans lesquels ils sont divisés est
grand,

grand, plus de perfonnes par conféquent peuvent être occupées dans la Société, & y vivre fans fe heurter les uns les autres. De-là naiffent naturellement les richeffes, la puiffance, & l'état floriffant d'un Peuple. C'eft le manque de vertus, qui donne de l'occupation à un grand nombre de mains. Les vertus peuvent donc bien rendre une petite Nation bonne, mais jamais elles ne pourront la rendre grande. On poffède des qualités recommandables, lorfqu'on eft vigoureux, laborieux, patient dans les difficultés, & diligent dans toutes les affaires. Mais comme ces vertus n'ont en vue qu'elles-mêmes, elles font, pour ainfi dire, uniquement leur propre ouvrage, elles font auffi leur propre récompenfe; & ni art, ni induftrie, ne leur a jamais eu d'obligation. Au lieu que l'excellence de la conception humaine, & l'invention, ne font nulle part plus vifibles, que dans la variété des outils & des inftrumens des Ouvriers & des Artiftes, ainfi que dans la multiplicité des machines, qui toutes ont été inventées pour fubvenir à la foibleffe de l'Homme, pour corriger fes nombreufes imperfections, pour rémédier à fa pareffe, ou pour prévenir fon impatience.

Il en eft de la Morale, comme de la Nature. Rien n'eft fi parfaitement bon dans les Créatures, qui ne puiffe faire tort à
quel-

quelque Membre de la Société; ni rien si absolument mauvais, qui ne puisse devenir utile à quelque partie de la Création. D'où l'on doit conclure que les choses ne sont bonnes ou mauvaises que par rapport à certaines choses, & suivant les circonstances où elles se rencontrent, & les relations qu'elles soutiennent. Tout ce qui nous fait plaisir, est bon à cet égard. C'est suivant cette règle que chaque Homme se souhaite tout le bien qu'il peut s'imaginer, sans s'embarrasser beaucoup du Prochain. Si durant les chaleurs de l'Eté il n'y avoit point eu de pluie depuis long-tems, malgré les prières publiques qu'on auroit faites pour l'obtenir, cela n'empêchera pas une personne qui a besoin d'aller en campagne, de souhaiter qu'il fasse beau tems seulement pour ce jour-là. Quand le Bled paroît épais au Printems, le général de la Nation se réjouït de l'objet agréable que présentent ces Campagnes verdoïantes, & des espérances qu'elles font naître: tandis que le riche Fermier, qui a gardé sa récolte de la dernière année, dans l'idée que le Grain renchériroit, languit de chagrin à cette vue, & est intérieurement affligé de la perspective d'une moisson si abondante. Que dis-je! nous entendrons tous les jours le Paresseux souhaiter ouvertement de posséder le bien d'autrui: seulement, pour ne pas paroître avoir dessein de faire tort aux Possesseurs actuels,

tuels, il ajoute cette fage condition, pourvu que ce fût fans perte pour les Propriétaires. Mais j'ai bien peur qu'il ne faffe fouvent dans fon cœur ce fouhait, fans y ajouter une femblable reftriction.

C'eft un bonheur que les prières, auffibien que les fouhaits de la plupart des gens n'aboutiffent à rien ; puifque la feule chofe qui rend les Hommes propres pour la Société, & qui empêche que le Monde ne tombe dans la confufion, eft l'impoffibilité que toutes les demandes faites au Ciel foient exaucées.

Un Jeune-Homme obéïffant, qui vient de finir fes voïages, eft à *La Brille*, où il attend avec impatience un vent d'*Eft* qui le porte en *Angleterre*. Son Père, attaqué d'une maladie mortelle, fouhaite de l'embraffer, pour lui donner fa bénédiction avant que de mourir. Ce bon Vieillard, fe fondant en affliction & en tendreffe, foupire de le voir pour la dernière fois.

Dans ces entrefaites un Miniftre de la *Grande-Bretagne*, qui eft chargé de ménager les intérêts des Proteftans en *Allemagne*, prend la pofte pour *Harwich*, afin de fe rendre inceffamment à *Ratisbonne*, avant la féparation de la *Diète* qui va finir.

Dans le même moment une riche Flotte eft prête à lever l'ancre pour la *Méditer-*

terranée, & une belle Escadre a dessein de faire voile du côté de la *Mer Baltique*.

Toutes ces choses peuvent arriver en même tems, ou il n'y a pas de difficulté à supposer qu'elles le puissent. Si ces Personnes ne sont pas des Athées, ou d'insignes Scélérats, ils auront tous quelques bonnes pensées avant que d'aller se coucher. D'où il suit qu'en allant au lit, ils prieront tous dans un sens différent pour un bon vent & un heureux voïage. Je ne dis pas seulement que c'est leur devoir, & qu'il est possible qu'ils puissent tous être exaucés; mais je suis sûr qu'ils ne peuvent pas tous être servis en même tems.

A-présent je me flatte d'avoir démontré que ni les qualités qui forment les liaisons d'amitié, ni les affections naturelles à l'Homme, ni les VERTUS réelles qu'il est capable d'acquérir par la Raison, ni le renoncement à soi-même, ne sont point le fondement de la Société. C'est ce que nous appellons MAL dans le Monde, soit *Moral*, soit *Physique*, qui est le grand principe pour nous rendre des Créatures Sociables. C'est cela seul qui est la solide base, la vie, & le soutien de tous les Métiers, de tous les Commerces, & de toutes les Occupations des Hommes, sans exception. C'est-là que nous devons chercher la véritable origine de tous les Arts, &

de

de toutes les Sciences ; en sorte que si le Mal cessoit, la Société seroit par-là même troublée, si même elle n'étoit pas renversée de fond en comble.

Je pourrois ajouter mille choses pour confirmer & mettre dans un plus grand jour cette vérité. Quoique je m'y emploïâsse avec beaucoup de plaisir, je ne laisserai pas de finir, crainte d'ennuïer mes Lecteurs. J'avoue qu'en écrivant cet Ouvrage, je me suis moins proposé de gagner leur approbation, que de m'amuser moi-même. Cependant, si jamais j'aprens qu'en me procurant ce plaisir, j'en ai tant soit peu donné au Lecteur intelligent, cet éloge augmentera considérablement la satisfaction que j'ai déjà goûtée en composant ce Livre. Dans cette espérance que la vanité me donne, je quite cet Ouvrage à regret, & je le conclus en répétant le paradoxe qui est la substance de ce qui est avancé dans le Titre : Que *les Vices des Particuliers ménagés avec dextérité par d'habiles Politiques, peuvent être tournés à l'avantage du Public.*

DÉFENSE
DE CET
OUVRAGE
CONTRE LES
ACCUSATIONS

Contenues dans une

DÉNONCIATION

Faite par LES GRANDS-JUREʼS de Middlesex au BANC DU ROI. Et dans une LETTRE diffamatoire

Adreſſée à Milord C.

DÉFENSE DE CET OUVRAGE,

Contre les Accusations contenues dans une Dénonciation faite par les GRANDS-JURÉ'S *de* MIDDLESEX *au* BANC *du* ROI. *

AFIN que le Public puisse juger de mon bon droit, dans la Dispute qui s'est élevée entre mes Adversaires & moi, il faut qu'il sache les choses dont ils me chargent. C'est ce qui m'engage à lui mettre devant les yeux, & les accusations que l'on a intentées contre moi, & les réponses que j'y ai faites.

LA

,, * Le Banc du Roi, *the' King's Bench*, est un des
,, principaux Tribunaux de Justice, & se tient qua-
,, tre fois l'an dans la grande Sale du Palais de
,, *Westminster*. On y examine les trahisons, les félo-
,, nies, & autres vices qui intéressent directement
,, le Roïaume.

LA DÉNONCIATION QUE LES GRANDS-JURÉS DE MIDDLESEX

Ont faite de moi & de mon Livre, étoit conçue en ces termes.

„ Nous les Grands-Jurés du
„ Comté de *Middlesex* voïons
„ avec la plus vive douleur,
„ & la plus grande mortifica-
„ tion, le grand nombre de
„ Livres & d'Imprimés qui se publient
„ chaque semaine contre les sacrés Arti-
„ ticles de notre *Sainte Religion*, con-
„ tre toute Discipline & Ordre de l'E-
„ glise, & contre la manière dont elle
„ est gouvernée. Ces hardies entrepri-
„ ses

„ ses nous paroissent tendre directement
„ *à la propagation de l'Incrédulité*, & par-
„ là même *à la corruption de toute la*
„ *Morale*. Nous sommes sensibles, com-
„ me nous le devons, à la Bonté du
„ Tout-puissant, qui nous a préservés du
„ fléau dont il a visité la Nation voisi-
„ ne *. Faveur signalée qui a engagé
„ SA MAJESTE', notre Gracieux Sou-
„ verain, d'ordonner un Jour d'actions
„ de graces solemnelles. Mais combien
„ le Tout-puissant ne doit-il pas être
„ irrité contre nous, de voir que les
„ graces qu'il nous a accordées, que les
„ maux dont il nous a délivrés, & les
„ actions de graces que nous lui avons
„ publiquement rendues, soient suivies
„ d'impiétés si affreuses.
„ Rien ne nous paroît plus utile pour
„ SA MAJESTE', pour la succession
„ de la Famille Protestante qui est heu-
„ reusement établie sur nous, & pour la
„ défense de la Religion Chrétienne, que
„ d'arrêter les Blasphêmes & les Pro-
„ fanations, qui tendent directement à
„ renverser les solides fondemens sur les-
„ quels le Gouvernement de SA MAJES-
„ TE' est établi.
„ Ces zélés Défenseurs de *l'Incrédulité*
„ ont été si hardis dans les entreprises
„ dia-

_____

„ * De la Peste qui avoit fait un grand ravage à
„ *Marseille*.

„ diaboliques qu'ils ont faites contre la
„ Religion, qu'ils ont.

„ *Prémièrement* blasphémé ouverte-
„ ment, & nié la doctrine de la *très-sainte*
„ *& adorable Trinité*, en travaillant par
„ de spécieuses raisons à faire revi-
„ vre *l'Arianisme* : Hérésie qui ne s'est
„ jamais glissée dans aucune Nation,
„ qu'elle n'ait été poursuivie par la ven-
„ geance céleste.

„ *En second lieu.* Ils soutiennent qu'il
„ y a un Destin irrévocable, & nient
„ ainsi la Providence & le Gouvernement
„ que le Tout-puissant exerce sur cet
„ Univers.

„ *En troisième lieu.* Ils ont tâché de
„ renverser *tout Ordre* & *toute Discipline*
„ dans l'Eglise ; & par de basses &
„ d'injustes insinuations contre le *Clergé*,
„ ils ont voulu attirer du mépris sur
„ toute la Religion ; afin qu'en inspi-
„ rant aux autres le même *libertina-*
„ *ge* d'opinion qu'ils professent, ils les
„ portent à les imiter dans leur *criminelle*
„ *pratique*.

„ *En quatrième lieu.* Ces Auteurs,
„ pour établir plus efficacement & plus
„ généralement le *Libertinage*, osent
„ décrier les *Universités*, & censurer avec
„ la plus dangereuse malice, & calom-
„ nier toutes les *Instructions* que l'on
„ donne à la *Jeunesse* sur les principes
„ de la Religion Chrétienne.

„ *En*

„ *En cinquième lieu*. Afin d'avancer
„ avec d'autant plus de facilité ces œu-
„ vres de ténèbres, on s'est servi d'ar-
„ tifices étudiés, & des prétextes les
„ mieux concertés. Pour diffamer la
„ *Religion* & la *Vertu*, on les a fait en-
„ visager comme *préjudictables* à la So-
„ ciété, & comme pernicieuses à l'Etat.
„ Ils ont travaillé à récommander le
„ Luxe, l'Avarice, la Vanité, & tous
„ les Vices de cette espèce, en les fai-
„ sant envisager, non comme contraires
„ au Gouvernement, mais comme né-
„ cessaires à la Prospérité Publique. Que
„ dis-je! les Lieux de Débauche mêmes
„ ont été célébrés, leur éloge a été im-
„ primé dans le dessein formel, à ce
„ qu'il nous semble, de *corrompre la Na-*
„ *tion.*

„ Ces Principes tendant donc à ren-
„ verser toute Religion & tout Gouver-
„ nement Civil, les devoirs que nous
„ devons au Tout-puissant, l'amour
„ que nous devons à notre Patrie, le
„ respect que nous devons à nos Ser-
„ mens, nous obligent à dénoncer . . . .
. . . .
. . . .
„ comme Auteur d'un Livre intitulé la
„ FABLE DES ABEILLES, où l'on
„ prouve que les Vices des Particuliers
„ tournent à l'avantage du Public, Secon-
„ de Edition 1723.

„ Et

„ Et encore . . . .
. . . . comme Auteur
„ des Nombres vingt - six, trente-cinq,
„ trente-six & trente-neuf d'une Feuille
„ Hebdomaire, appellée le JOURNAL
„ ANGLOIS.

FIN DE LA DE'NONCIATION DES GRANDS - JURE'S.

L A

LA LETTRE ADRESSÉE A MILORD C.

Dont je me plains, est conçue en ces termes.

MILORD,

„ Tous les fidèles Sujets du
„ Roi, & toutes les Personnes
„ véritablement affectionnées
„ au Gouvernement présent,
„ & à la Succession établie dans
„ l'illustre *Maison d'Hanover*, aprennent
„ avec un plaisir infini que VOTRE
„ SEIGNEURIE a trouvé des moïens
„ efficaces pour mettre à couvert l'heu-
„ reux Gouvernement de Sa Majesté,
„ qui paroît être menacé par *Catilina*,
„ sous le nom de *Caton*, par l'Auteur
„ d'un Ouvrage intitulé la FABLE DES

Tome II. P 	„ A-

,, Abeilles &c. & par d'autres Ecrivains
,, de même étoffe.

,, Ces Gens-là font affurément d'uti-
,, les Amis du *Prétendant*, & fe propo-
,, fent d'avancer fes intérêts, en travail-
,, lant à renverfer notre Gouvernement,
,, qu'ils font femblant de défendre. Les
,, fages mefures que Votre Sei-
,, gneurie a déjà prifes pour fupprimer
,, totalement de fi impies Ecrits, & les
,, inftructions qui ont déjà été données
,, pour faire dénoncer & ces Ouvrages
,, & leurs Auteurs par quelqu'un des
,, *Grands-Jurés*, convaincront la Nation
,, que l'on ne fouffrira jamais parmi nous
,, aucune entreprife contre le Chriftianif-
,, me.

,, Ces malheureux Ecrivains avoient
,, tâché d'exciter des troubles & des
,, doutes funeftes dans l'efprit des *An-
,, glois*. Les précautions qui ont fi fage-
,, ment été prifes par nos Supérieurs,
,, feront un puiffant boulevard pour la
,, *Religion Proteftante*, ruïneront les pro-
,, jets & les efpérances du *Prétendant*,
,, & empêcheront tout changement dans
,, le *Miniftère*.

,, Il n'eft aucun bon *Anglois*, qui pût
,, voir d'un œil indifférent que l'on foup-
,, çonnât la moindre négligence dans au-
,, cune des Perfonnes qui font dans le
,, Miniftère. Bientôt il s'élèveroit dans
,, le cœur de ces fidèles Sujets de
,, la *jaloufie*, quand ils auroient cru que

l'on

„ l'on ne faifoit pas pour défendre la
„ Religion contre les injuftes attaques de
„ fes Ennemis, tout ce qui fe pouvoit
„ faire. Cette funefte paffion, MILORD,
„ auroit fort bien pu s'élever, fi l'on n'a-
„ voit pas pris de juftes mefures pour
„ prévenir, & pour fermer la bouche à
„ ceux qui protègent ouvertement l'Irré-
„ ligion. Et il n'eft pas facile d'arrêter
„ la *jaloufie*, dès-qu'une fois elle s'eft
„ emparée des efprits. La *Jaloufie* eft
„ une *Furie* auffi redoutable qu'aucune
„ des *Euménides*. J'ai vu une Femme
„ petite, maigre & débile, qui avoit
„ acquis tant de force par un tranfport
„ de *jaloufie*, que cinq Grenadiers ne
„ pouvoient la retenir.

„ Continuez, MILORD, vos foins
„ pour empêcher que le Peuple ne foit
„ animé de cette maudite paffion, qui
„ n'eft jamais plus dangereufe que lors-
„ qu'aïant pour objet la Religion, elle
„ devient violente, cruelle & frénéti-
„ que. C'eft elle qui dans les Règnes
„ précédens a produit tant de maux,
„ que VOTRE SEIGNEURIE a voulu
„ prévenir efficacement, pour la fureté
„ de l'Autorité Roïale. Vous avez fuivi
„ l'exemple de Sa Majefté, qui a bien vou-
„ lu donner des inftructions, qui font très-
„ bien connues à VOTRE SEIGNEU-
„ RIE, *pour conferver l'unité dans l'Eglife,*
„ *& la pureté de la Foi Chrétienne.*

„ Qu'on ne s'imagine pas que jamais

„ le Peuple d'*Angleterre* abandonne fa
„ Religion, ou qu'il refte inviolable-
„ ment attaché à un Miniftère, qui
„ s'écartant des fages maximes de celui-
„ ci, ne la défendra pas contre les en-
„ treprifes audacieufes de nos *Barbouil-*
„ *leurs*. Vous conviendrez, MILORD,
„ que le nom de *Barbouilleur* eft le feul
„ qui convienne à tous ces miférables
„ Auteurs, qui fous une vaine apparen-
„ ce de bon-fens cherchent à fapper les
„ fondemens de la Religion, & par-là
„ même du contentement & du repos,
„ de la paix & du bonheur des Peuples.
„ C'eft le nom que méritent proprement
„ tous ceux qui pour parvenir à des fins
„ fi abominables, emploient les argumens
„ & les infinuations les plus captieux,
„ les plus féduifans & les plus artifici-
„ eux.

„ Puiffe le Ciel propice détourner
„ de-deffus nous les maux affreux que
„ l'Eglife de Rome attire fur tous ceux
„ qui font les malheureux objets de fa
„ *tirannie*. La *Tirannie* eft la pefte de
„ de la Société, & il n'eft certainement
„ aucune *Tirannie* qui foit plus infuppor-
„ table que celle de la *Triple Couronne*.
„ De-là vient que ce Peuple, égale-
„ ment libre & fortuné, a conçu une
„ jufte horreur contre le Papifme, &
„ contre tout ce qui femble y achemi-
„ ner. Quelle horreur ne doivent-ils
„ donc pas avoir pour les hardies entre-
pri-

,, prises que nos *Catilinas* Anglois ont
,, ôsé faire contre le Christianisme mê-
,, me ? Quelle crainte & quelle juste dé-
,, fiance ne doivent-ils pas avoir contre
,, des Gens, qui couvrant les perfides des-
,, seins qu'ils ont contre la Religion Pro-
,, testante, sous les fausses couleurs du
,, respect & de l'attachement, laissent
,, appercevoir que le titre même de *Pro-*
,, *testant* ne leur convient pas, à-moins
,, qu'il ne puisse convenir à ceux qui
,, *protestent* en effet contre toute Reli-
,, gion ?

,, Pourroit-on trouver mauvais l'atta-
,, chement ferme & sincère que le Peu-
,, ple a pour sa Religion ? Il sait qu'il
,, y a un *Dieu*, & que ce *Dieu* gouver-
,, ne le Monde ; & il vous dira que cet
,, Etre Suprême bénit ou détruit les Ro-
,, ïaumes, suivant que la Piété ou l'Im-
,, piété y prévaut. VOTRE SEIGNEU-
,, RIE a une belle collection de Livres ;
,, & ce qui est plus beau encore, vous
,, êtes parfaitement en état de les en-
,, tendre, & vous vous y appliquez dès-
,, que les importantes affaires dont vous
,, êtes chargé, vous le permettent. A-
,, vez-vous donc jamais lu quelque *Au-*
,, *teur* qui, aussi *profane* que nos *Mo-*
,, *dernes*, ait jamais soutenu, ou même
,, avancé qu'un Empire, un Roïaume,
,, une Province, un Païs grand ou petit,
,, ne soit allé en décadence, & n'ait
,, péri dès-qu'une fois l'on a négligé de

tra-

,, *travailler* avec soin à soutenir & à dé-
,, fendre la Religion.
,, Nos *Barbouilleurs* parlent beaucoup
,, du Gouvernement *Romain* : jamais ils
,, ne cessent de faire sonner fort haut la
,, *Liberté* & les *principes* des *anciens Ro-*
,, *mains*. On voit évidemment que tous
,, ces beaux discours, ne sont que des
,, artifices & des prétextes pour avancer
,, l'Irreligion ; & par ces mots éblouïs-
,, sans ils ne se proposent que de rendre
,, le Peuple inquiet, & de ruïner cet
,, Etat. Car si ces Gens-là estimoient
,, effectivement les sentimens & les prin-
,, cipes des *anciens Romains*, & qu'ils
,, recommandâssent sincèrement les vues
,, & les pratiques également sages & heu-
,, reuses de cette illustre République,
,, ils feroient remarquer d'abord que *l'an-*
,, *cienne Rome* a autant pris de peine pour
,, *pratiquer* & pour *avancer* les intérêts
,, de la *Religion Naturelle*, que *Rome*
,, *moderne* en a pris pour *défigurer* &
,, pour *corrompre* la *Religion Révélée*. Les
,, *anciens Romains* se sont toujours singu-
,, lièrement recommandés à la faveur du
,, Ciel, par les *soins* qu'ils se sont donnés
,, pour avancer la *Religion*. Pleinement
,, convaincus que ces soins étoient les
,, moïens les plus efficaces pour engager
,, les Dieux (*) à conserver l'Empire,
&

,, (*) Quis est tam vecors qui non intelligat, Nu-
,, mine hoc tantum Imperium esse natum, auctum
,, &

„ & à couronner d'heureux succès & de
„ gloire les guerres & les entreprises du
„ Sénat, ils ont fait connoître des sen-
„ timens si vertueux, & ils ont à l'en-
„ vi travaillé à les répandre. Aussi voit-
„ on que les *Orateurs* n'ont jamais man-
„ qué de faire souvenir le Peuple de leur
„ Religion, pour peu que le sujet qu'ils
„ traitoient y eût de rapport. C'étoit-
„ là leur dernière resource, lorsqu'ils
„ vouloient émouvoir & persuader l'As-
„ semblée. Ils ne doutoient point que
„ le Peuple ne fût de leur avis, si seu-
„ lement ils pouvoient lui démontrer
„ que la Religion même dépendoit de la
„ cause qu'ils soutenoient. Jamais ni les
„ *Romains*, ni aucune autre Nation,
„ n'a permis que la Religion dominante
„ fût ouvertement tournée en ridicule,
„ rejettée & condamnée ; & je suis sûr
„ que VOTRE SEIGNEURIE ne vou-
„ droit pas pour tous les biens du monde,
„ que l'on vît impuni au milieu de nous,
„ un crime qui n'a jamais été souffert au-
„ paravant.

„ Y a-t-il eu quelques Personnes de-
„ puis l'établissement de l'Evangile qui
„ aient ôsé se porter contre le Christia-
„ nisme, aux excès où certains Hom-
„ mes, & même certaines Femmes, se
font

„ & retentum ..... Cicer. Orat. de Harusp.
„ Resp.

„ font portés depuis peu ? Le Démon
„ fera-t-il tous ces progrès au milieu de
„ nous, fans qu'on puiſſe dire qu'il eſt
„ *coram nobis* ? Pourquoi ne pas ſe con-
„ tenter de conduire le Peuple dans ſa
„ route ordinaire ? Il a accoutumé de
„ jurer, de faire des imprécations, de
„ violer le Sabat, de tromper, de cor-
„ rompre par des promeſſes ou par des
„ préſens, d'être hypocrite, de don-
„ ner dans l'ivrognerie, dans la pail-
„ lardiſe, & de commettre tels autres
„ crimes ſemblables. A quoi bon les en-
„ gager à ajouter à ces crimes-là, d'autres
„ crimes plus énormes & plus dangereux?
„ Ne permettez pas que jamais on en-
„ tende parler publiquement, ni qu'on
„ liſe, comme on le fait aujourd'hui,
„ des traits d'incrédulité affreux, des
„ blasphêmes, & des impiétés capables
„ d'effrayer les Sujets du Roi, & de faire
„ naître des terreurs dans leur eſprit.
„ La queſtion qui eſt aujourd'hui ſur le ta-
„ pis, eſt bien courte. C'eſt *Dieu* ou le
„ *Diable*. Tel eſt le mot du Guet, &
„ le tems nous découvrira tous ceux qui
„ ſont du dernier parti. En attendant
„ on peut mettre dans cette claſſe, tous
„ ceux qui ont témoigné publiquement
„ de l'éloignement pour les Affaires Re-
„ ligieuſes ; tous ceux qui non contens
„ d'attaquer la Religion profeſſée parmi
„ nous, & d'employer toute leur adreſſe
„ & leurs talens à la rendre odieuſe &

mé-

,, méprisable, ôsent même étouffer les
,, semences de Religion que l'on s'efforce
,, avec succès de faire naître dans le
,, cœur du Peuple d'*Angleterre*.

,, Ces Profanes ont pressé avec la der-
,, nière force, des argumens contre l'é-
,, ducation qu'on travaille à donner aux
,, Enfans des Pauvres, dans les *Ecoles*
,, *de Charité*. Les objections qu'ils ont
,, faites contre les Fonds qui ont été four-
,, nis pour cette éducation, n'ont pas
,, la moindre apparence de solidité. Les
,, faits qu'ils ont avancé contre ces Eta-
,, blissemens ne sont pas vrais. Or tout
,, Homme sage ne doit recevoir comme
,, bon & solide, aucun argument qui n'est
,, pas vrai & fondé sur la vérité.
,, Comment est-ce que *Catilina* a eu l'ef-
,, fronterie de regarder quelqu'un en face,
,, après avoir ôsé dire que cette préten-
,, due Charité a détruit, en effet, toutes
,, les autres charités que l'on faisoit au-
,, paravant aux Personnes âgées, aux Ma-
,, lades, & aux Impotens?"

Il paroît avec la dernière évidence,
que si ceux qui ne contribuent quoi que
ce soit aux *Ecoles de Charité* sont moins
charitables pour les autres Objets qui méritent leur charité, qu'ils ne l'étoient pré-
cédemment, leur dureté pour ces derniers Objets ne doit point être attribuée
aux contributions qu'ils font pour ces *Eco-*
les. Pour ce qui est de ceux qui fournissent quelque chose, je soutiens que bien

loin de s'être relâchés sur leurs autres charités, les *pauvres Veuves*, les *Vieillards* & les *Impotens*, en reçoivent plus de soulagement, toute proportion gardée, que de ceux qui ne s'embarrassent des *Ecoles de Charité* que pour les critiquer & les condamner. ,, Je me trouverai au ren-
,, dez-vous que *Catilina* m'a donné au
,, Caffé Grec, tel jour de la Semaine qu'il
,, voudra, afin que lui nommant autant
,, de Personnes qu'il lui plaîra, je lui
,, démontre la vérité de ce que j'avance
,, ici.

,, Cependant je ne fais pas un grand
,, fond sur cette assignation qu'il m'a don-
,, née. J'ai fort bien remarqué qu'il s'at-
,, tachoit plutôt à déguiser la vérité & à
,, l'embrouiller, qu'à l'éclaircir & à la dé-
,, montrer. S'il n'étoit pas dans ces dis-
,, positions, comment se seroit-il jamais
,, avisé, après avoir représenté les *Ecoles*
,, *de Charité*, comme destinées à ensei-
,, gner aux Enfans à lire, à écrire, & à
,, leur apprendre à se conduire sagement,
,, afin de les mettre un jour en état d'être
,, Domestiques, d'ajouter immédiatement
,, ces paroles? Les Domestiques sont une
espèce de Vermine paresseuse & dissolue, qui a déjà entièrement dévoré le Royaume, & qui par-tout est devenue une Peste publique &c. †

,, Quoi

---

† ,, L'Auteur de la FABLE DES ABEILLES paroit établir les mêmes principes. V. p. 103. &c. de ce 2. Tome.

,, Quoi donc, ce feroient *les Ecoles*
,, *de Charité* qui auroient rendu les *Do-*
,, *mestiques* une espèce de *Vermine* si *pa-*
,, *resseuse* & si *dissolue* ? L'éducation qu'on
,, leur donne les rend une *Peste publique* ?
,, Les soins qu'on prend pour les *Filles*
,, les rendent *Débauchées*, & ceux qu'on
,, prend pour les *Garçons* les rendent *Vo-*
,, *leurs de Grand Chemin, Frippons* & *Lar-*
,, *rons domestiques*, comme cet Auteur dit
,, que les Valets & les Servantes sont or-
,, dinairement ? Ou si les *Ecoles de Cha-*
,, *rité* n'ont point produit des effets si
,, pernicieux, d'où vient qu'il les fait en-
,, visager comme propres à augmenter ces
,, maux, qui ne sont que trop réels &
,, trop répandus ? On n'a jamais jusques-
,, ici enseigné que l'on précipitoit les
,, gens dans le crime, en leur inspirant
,, des principes de Vertu. Si cependant
,, il étoit vrai qu'en donnant de bonne
,, heure la connoissance de la Vérité, &
,, des égards que nous lui devons, c'é-
,, toit le meilleur moïen pour en éloigner,
,, on ne pourroit douter que notre *Cati-*
,, *lina* n'eût été instruit dans la Vérité de
,, très-bonne heure & avec un grand soin.
,, Je ne saurois m'empêcher de louer
,, cet Ecrivain, de ce qu'il dit & de ce
,, qu'il insiste sur ce fait, savoir, que les
,, Collectes qui ont été recueillies aux por-
,, tes des Eglises pour donner des bonnets
,, & des habits uniformes à ces pauvres Gar-
,, çons & à ces pauvres Filles, ont été plus
,, con-

„ confidérables dans un feul jour, que
„ celles que l'on a recueillies pour tous
„ les Pauvres dans toute une année. O
„ le rare *Catilina !* Vous l'emporterez fa-
„ cilement fur cet article, quelque para-
„ doxe qu'il paroiffe On ne fauroit appor-
„ ter de témoins contre ce que vous avan-
„ cez. Perfonne ne peut vous être oppofé
„ fi ce n'eft les Collecteurs, les Diacres, les
„ Directeurs des Pauvres, & tous les prin-
„ cipaux Habitans de la plupart des
„ Paroiffes de l'*Angleterre* où il y a quel-
„ que *Ecole de Charité*.

„ Ce qu'il y a de plaifant, MILORD,
„ c'eft que ces *Barbouilleurs* voudroient
„ encore paffer pour gens dont les *mœurs*
„ font *règlees* Mais lorsqu'on voit des
„ perfonnes qui prennent à tâche de fé-
„ duire & de tromper leurs *Voifins*, dans
„ des matières même de la dernière im-
„ portance, en tordant & en déguifant la
„ vérité par de faux rapports & par de
„ malignes infinuations, ne fera t-il pas
„ permis de les accufer d'ufurpation, s'ils
„ ôfent s'arroger le caractère de Gens
„ de *bonnes mœurs* & de probité? Si cela
„ n'eft pas permis, il faudra avancer
„ qu'il n'y a point de crime à être Men-
„ teur ou Fourbe dans les cas dont les
„ Loix ne prennent aucune connoiffance,
„ & que la bonne Morale n'eft point
„ inféparable de la Vérité & de la Vertu.

„ Quoiqu'il en foit, je ne me plaîrois
„ point à rencontrer un de ces *Hommes de*
„ *bien*

" *bien* dans la Bruïère d'*Hounslow*, à moins
" que je n'eûſſe de bons piſtolets. Car je
" ſuis dans l'idée que ceux qui manquent
" de probité dans un point, n'en au-
" roient pas beaucoup dans un autre.

„ Votre Seigneurie, qui juge
" auſſi ſolidement des Hommes que des
" Livres, ſe perſuadera aiſément qu'il faut
" néceſſairement qu'il y ait dans les *Eco-*
" *les de Charité* quelque choſe d'excellent;
" puiſque de telles gens s'y oppoſent,
" & les combattent avec tant de vivaci-
" té. Vous n'avez pas beſoin, Milord,
" d'autre démonſtration.

„ Ils nous diſent que ces Ecoles ſont
" des obſtacles à l'*Agriculture* & aux *Ma-*
" *nufactures*†. Par rapport à l'*Agriculture*,
" je dis prémièrement qu'on ne retient
" les Enfans dans ces Ecoles, que juſqu'à ce
" qu'ils aïent atteint l'âge & acquis
" les forces néceſſaires pour en exercer
" les principales fonctions, & pour en ſup-
" porter les différens travaux d'une ma-
" nière ſoutenue. D'ailleurs, en même
" tems qu'on leur donne une éducation
" convenable, ſoïez aſſuré, Milord,
" qu'on ne les empêche jamais de tra-
" vailler à la Campagne, ou de s'appli-
" quer à telle autre occupation dont ils
" ſont capables, lorſqu'ils peuvent en
" trouver, ſoit pour le ſoutien de leurs
„ Pa-

† Vayez *l'Eſſai ſur la Charité & les Ecoles de Cha-*
rité.

„ Parens, soit pour subvenir à leurs pro-
„ pres besoins.
„ Ce sont les Parens qui dans les diffé-
„ rens Comtés sont les propres juges
„ de la situation & des circonstances où
„ ils se rencontrent eux-mêmes. On ne
„ doit pas craindre d'un autre côté qu'ils
„ aient pour leurs Enfans assez de tendresse,
„ pour aimer mieux qu'ils acquièrent quel-
„ ques connoissances, que s'ils gagnoient
„ quelque argent. Ainsi l'on doit être
„ persuadé qu'ils sauront bien trouver d'au-
„ tres occupations que celle de les envoïer
„ à l'Ecole, lorsqu'ils seront en état de ga-
„ gner quelques soux.
„ Le cas est le même par rapport aux
„ *Manufactures*. Les Directeurs des *Ecoles*
„ *de Charité*, & les Pères des Enfans qui
„ y sont reçus, auroient de grandes obli-
„ gations à ceux qui font l'objection,
„ s'ils vouloient contribuer à la dissiper.
„ Ils n'ont pour cela qu'à souscrire pour
„ un Fond, qui servira à joindre l'occupa-
„ tion des *Manufactures*, à celles qu'il y
„ a déjà dans les *Ecoles de Charité*. Ce
„ sera-là une *belle Fondation*. Les Direc-
„ teurs de quelques-unes de ces Ecoles
„ ont déjà mis ce plan en exécution, &
„ il seroit à souhaitter que toutes les au-
„ tres fussent en état de faire cette dé-
„ pense. Mais comme dit le Proverbe,
„ *Rome n'a pas été bâtie dans un jour*. En
„ attendant que cet Etablissement qu'on
„ se propose soit venu à sa perfection,
„ que

„ que les Maîtres & les Chefs des Manu-
„ factures qui fleurissent dans les différens
„ endroits du Roïaume, soient assez cha-
„ ritables pour emploïer les Pauvres En-
„ fans dans leurs Manufactures, un cer-
„ tain nombre d'heures par jour ; les au-
„ tres de la journée seront emploïées
„ dans l'Ecole même, à montrer à lire &
„ à écrire à ces Jeunes-Gens.

„ Rien n'est plus facile à des Gens
„ animés de *l'Esprit de parti*, corrompus
„ & malins, que de trouver des argumens
„ spécieux & sophistiques, & de pro-
„ poser des calomnies pour de bonnes
„ & de solides raisons, contre les meil-
„ leures choses qu'il y ait dans le mon-
„ de. Mais il est incontestable qu'il n'est
„ aucun juge impartial, s'il est susceptible
„ de sentimens de bonté & d'amour
„ pour sa Patrie, qui regarde jamais
„ l'objection proposée comme renfer-
„ mant quelque solidité. Je m'assure au-
„ contraire que toutes les Personnes qui
„ ont ces principes d'humanité, redou-
„ bleront leurs efforts pour porter les
„ *Ecoles de Charité* au point de perfec-
„ tion qu'on s'y propose.

„ Malgré ces imperfections même de
„ ces Ecoles, quel aveuglement, ou
„ quelle impiété ne faudroit-il pas avoir,
„ pour nier que c'est une grande cha-
„ rité pour les Enfans, & un grand ser-
„ vice qu'on rend à leur Patrie, que
„ de leur apprendre les Principes de la
„ Reli-

„ Religion & de la Vertu, à un âge où ne
„ pouvant trouver d'occupation, ils fe-
„ roient forcés de vivre dans la pareſſe &
„ dans l'oiſiveté, & d'apprendre l'art fu-
„ neſte de mentir, de jurer & de vo-
„ ler. Dès-que leur âge & leurs forces
„ les mettent en état d'exercer les fonc-
„ tions de Domeſtiques, ou de s'appli-
„ quer à l'Agriculture, ou d'entrer dans
„ quelque Manufacture, ou de vaquer à
„ quelque Art Méchanique, ils ſe trou-
„ vent ornés de connoiſſances qui peu-
„ vent leur être utiles dans ces divers
„ genres de vie: car c'eſt pour l'ordi-
„ naire à ces occupations laborieuſes que
„ l'on voue ces Enfans, dès-qu'ils en
„ ſont capables. Ainſi notre *Catilina* au-
„ ra, s'il lui plaît, la bonté de raïer
„ l'objection qu'il fait ſur les *Marchands*
„ *en détail*, lorſqu'il ôſe avancer que les
„ Directeurs des *Ecoles de Charité* leur ven-
„ dent à beaux deniers comptans, les oc-
„ cupations qui doivent tomber en partage
„ aux Enfans commis à leurs ſoins. Per-
„ mettez-moi, MILORD, de dire que ce
„ fait eſt abſolument faux. Ce n'eſt pas-
„ là le ſeul article qui mériteroit la même
„ réponſe: mais pour éviter une longueur
„ exceſſive, je ne rapporterai plus qu'un
„ ſeul exemple de ſes faux allégués.

„ Dans un autre endroit *Catilina* n'a
„ pas honte d'aſſurer en tout autant de
„ termes, que dans nos *Ecoles de Cha-*
„ *rité* on corrompt *les Principes* du Vul-
„ gai-

,, gaire, en leur aprenant, auffi-tôt qu'ils
favent articuler, à parler de la HAUTE
EGLISE & d'ORMOND *. C'eſt ainſi qu'on
les élève à la Trahiſon, avant qu'ils connoiſſent en quoi le crime des Traîtres
confifte †. ,, VOTRE SEIGNEURIE, & les
,, autres Perſonnes de probité, dont les
,, paroles font les fidèles images de leurs
,, penſées, peuvent juger à-préſent ſi
,, *Catilina* n'a pas été pleinement con-
,, vaincu que *l'on élève à la Trahiſon* les
,, Enfans dans les Ecoles de Charité.
,, Si l'on pouvoit prouver, MILORD,
,, qu'il y a quelqu'un des Maîtres de ces
,, Ecoles de Charité, qui, oppoſé au
,, Gouvernement, n'enſeigne pas aux
,, Enfans l'obéïſſance & la fidélité dues
,, à notre Monarque, avec autant de ſoin
,, que quelque autre article de notre
,, Catéchisme, je n'héſiterois pas un in-
,, ſtant à faire pendre ces Maîtres, &
,, même à détruire leurs Ecoles, ſuivant
,, les déſirs empreſſés de l'illuſtre *Catilina*.
,, C'eſt ſur des principes tout ſemblables
,, que raiſonne l'Auteur de l'Ouvrage que
,, j'ai mentionné, & qui a pour titre la
,, FABLE DES ABEILLES, où il prouve
,, que les Vices des Particuliers tendent
,, à l'avantage du Public &c.

,, Ca-

* Un des plus zélés Défenſeurs du Prétendant.
† L'Auteur de la *Fable des Abeilles* dit auſſi quelque choſe de ſemblable. Voiez *l'Eſſai ſur les Ecoles
de Charité*. Pag. 53. &c.

,, *Catilina* sappe auſſi les Articles fon-
,, damentaux de la Foi, en comparant, de
,, la manière du monde la plus impie, la
,, très-ſainte & adorable Trinité au Fee-
,, fa-fum.

,, Mais cet Auteur libertin de la FA-
,, BLE, n'a pas ſeulement deſſein de s'op-
,, poſer à la Foi comme *Catilina*; mais
,, il prend encore à tâche de renverſer
,, les principes de la Vertu Morale, &
,, d'élever le Vice en ſa place. Jamais
,, le plus habile Médecin ne travailla avec
,, plus d'ardeur à délivrer les Hommes
,, de leurs maladies Corporelles, que le
,, fait ce dangereux *Bourdon* pour leur ôter
,, la ſanté Spirituelle. C'eſt un aveu qu'il
,, a lui-même fait. En finiſſant les re-
,, cherches ſur la Nature de la Société,*
,, il fait cette remarque ſur lui-même,
,, ſur ſon deſſein, & ſur la manière dont
,, il l'a exécuté.

A préſent je me flatte d'avoir démontré que ni les Qualités qui forment les
liaiſons d'Amitié, ni les Affections naturelles à l'Homme, ni les VERTUS réelles qu'il eſt capable d'acquérir par la Raiſon, ni le Renoncement à ſoi-même, ne
ſont point le fondement de la Société.
C'eſt ce que nous appellons MAL dans le
Monde, ſoit Moral, ſoit Phyſique, qui
eſt le grand principe pour nous rendre
des Créatures Sociables. C'eſt cela
ſeul qui eſt la ſolide baſe, la vie &
,, le

---

* Pag. 215. &c.

le soutien de tous les Métiers, de tous les Commerces, & de toutes les Occupations des Hommes sans exception. C'est-là que nous devons chercher la véritable origine de tous les Arts & de toutes les Sciences, ensorte que si le Mal cessoit, la Société seroit par-là même troublée, si elle n'étoit pas renversée de fond en comble.

„ Vous voïez, MILORD, le grand dessein
„ & les principales vues de *Catilina* &
„ de ses Confédérés. La scène s'éclair-
„ cit, les secrets ressorts de ces Messieurs
„ paroissent à découvert. Ils parlent haut,
„ & assurément avant eux jamais person-
„ ne n'a ôsé le faire impunément. On en
„ veut aux pauvres Ecoles de Charité,
„ parce qu'on en veut à la Religion. Ces
„ Ecoles incommodent ces Messieurs,
„ parce qu'elles tendent à avancer les in-
„ térêts de la Vertu & du Christianisme;
„ qu'elles sont le plus puissant boulevard
„ contre le Papisme; qu'elles sont le meil-
„ leur moïen pour concilier sur ce Peu-
„ ple la faveur divine; & que depuis la
„ bienheureuse Réformation, il ne s'est
„ point fait parmi nous d'Etablissement
„ qui fasse plus d'honneur à ce Roïaume.
„ Si par malheur ces Ecoles de Chari-
„ té avoient produit quelque petit in-
„ convénient, faudroit-il en être surpris?
„ Ignore-t-on que c'est le sort de toutes
„ les Affaires Humaines. Mais ces lé-
„ gers

,, gers abus n'empêchent pas que ces
,, Écoles ne soient très-utiles, & qu'elles
,, ne méritent d'être encouragées par les
,, Honnêtes Gens, qui mépriseront tou-
,, jours les Objections puériles que cer-
,, taines Personnes ôsent proposer.

,, VOTRE SEIGNEURIE s'apperçoit aisé-
,, ment à-présent des véritables raisons
,, des Satyres continuelles que *Catilina* &
,, ses dignes Confédérés font contre le
,, Clergé. Mais pourquoi les crimes, &
,, la juste punition de Mr. HALL, rejailli-
,, roient-ils plutôt sur le Clergé, que le
,, suplice de Mr. LAYER ne rejailliroit sur
,, les Gens à longue robe? La raison en
,, est claire. La profession de la Foi n'a
,, pas un rapport immédiat avec la Re-
,, ligion. *Catilina* & ses semblables ac-
,, corderont volontiers, que si quelques-
,, uns de ceux qui suivent cette profes-
,, sion étoient vicieux, ou même traî-
,, tres, leurs confrères pourroient très-
,, bien être aussi fidèles & aussi vertueux
,, que quelqu'autre Sujet du Roi. Il
,, n'en est pas de même du Clergé, dont
,, les occupations & les fonctions roulent
,, sur la Religion, qu'ils cherchent à dé-
,, fendre & à confirmer. Aussi *Catilina*
,, prouve-t-il avec toute l'évidence possi-
,, ble, que s'il se trouve quelque Ecclé-
,, siastique peu affectionné au Gouverne-
,, ment, les autres ne sauroient être ni
,, vertueux ni fidèles.

,, Je

„ Je n'arrêterai pas Votre Seigneu-
„ rie pour lui exposer une Apologie du
„ Clergé. La peine que je prendrois se-
„ roit même assez inutile. Personne n'ignore
„ combien Votre Seigneurie les protège
„ & les aime. Ils sont d'ailleurs en état
„ de se défendre eux-mêmes. Leur fi-
„ délité, leur vertu & leur savoir les met
„ à même de montrer qu'il n'y a point
„ en *Europe* de Corps qui mérite davan-
„ tage l'estime des Honnêtes-Gens, que
„ le leur. Jusques à présent ils se sont
„ tûs. Peut-être parce qu'ils méprisent
„ l'aprobation & l'estime des Impies &
„ des Libertins, & qu'ils voient fort
„ bien que ceux qui parmi nous ont le
„ sens commun & de la probité, ne dou-
„ tent point que ces traits lancés contre
„ le Clergé, ne tendent à détruire *l'Eta-*
„ *blissement Divin du Sacré Ministère*, à
„ extirper la Religion que les Ecclésiasti-
„ ques travaillent à conserver & à avan-
„ cer. D'abord ce n'avoit été que sur
„ des soupçons qu'on avoit eu ces idées,
„ mais à présent ces soupçons ont été
„ changés en certitude. *Catilina*, & ses
„ Adhérens, ont aujourd'hui déclaré en
„ termes formels, que les principaux
„ Articles de notre Foi sont non seule-
„ ment inutiles, mais ridicules; que la So-
„ ciété Humaine doit nécessairement s'af-
„ foiblir, & même périr de fond en com-
„ ble, si l'on n'a soin d'encourager le

„ Vi-

„ Vice, & qu'ainſi le Crime eſt le ſeul
„ fondement aſſuré de la Félicité Humaine.

„ Que devrions-nous attendre de la
„ vengeance divine, ſi elle imputoit à la
„ Nation la publication de Dogmes ſi choquans, ſi étonnans, ſi affreux ? Quel
„ attentat contre toute Religion, que de
„ ſoutenir publiquement que la Foi Chrétienne renferme des abſurdités, & que
„ la baſe de la Proſpérité de tout Gouvernement eſt le Mal Moral ! Laiſſeroit-on donc impuni un crime ſi énorme ? L'Etat ne montrera-t-il point qu'il
„ ne participe en aucune manière aux
„ pernicieux deſſeins de ces Conjurés ?
„ Et il y participeroit, comme Votre
„ Seigneurie le ſent fort bien, s'il ne
„ prenoit des meſures contr'eux. Auſſi
„ ne doutons-nous point qu'en ſage &
„ fidèle Patriote, vous ne faſſiez ſervir l'autorité que vous donne le haut
„ rang où vous êtes placé, à défendre
„ la Religion contre les audacieuſes attaques des Libertins.

„ Dès-que j'aurai vu une Copie du
„ Bill tendant à *mettre à couvert la Perſonne de Sa Majeſté, à confirmer la Religion dans la Grande-Bretagne, & à
maintenir l'heureux Gouvernement qui
y eſt établi*, alors j'aurai de nouvelles preuves de la juſteſſe des maximes politiques que ſuit Votre Sei-

„ gneurie, de l'amour que vous avez
„ pour la Patrie, & des grands servi-
„ ces que vous lui rendez. J'ai l'hon-
„ neur d'être

Milord

Votre très-humble & très-
fidèle Serviteur

Theophile Philo-Britannus.

DÉFENSE
DE LA
FABLE
DES ABEILLES.

CES violentes accusations, & les plaintes qui s'élevèrent de tous côtés contre mon Ouvrage, de la part des Directeurs, des Maîtres, & autres Champions des Ecoles de Charité, jointes à l'avis de mes Amis, m'ont engagé à faire la réponse suivante. Le Lecteur impartial me pardonnera bien la répétition de certains passages, qu'il lira peut-être pour la troisième fois. Il fera sans-doute attention que pour défendre mon honneur attaqué, je me suis obligé de répéter les endroits de mon Ouvrage qui avoient été cités dans la Lettre. Ma Défense pourroit tomber entre les mains de Personnes qui n'aïant lu, ni la FABLE DES ABEILLES, ni la Lettre Diffamatoire écrite contre la FABLE, ne comprendroient

droient rien à tout ce que je dirois pour ma justification. Cette Réponse a d'abord paru dans le Journal de Londres le 10. d'Août V. S. 1723. & elle étoit conçue en ces termes.

Dans la Gazette du Jeudi 11. de Juillet V. S. on trouve une Dénonciation que les Grands-Jure's de Middlesex ont faite contre l'Auteur du Livre intitulé La Fable des Abeilles avec le Commentaire : *où l'on prouve que les Vices des Particuliers tendent à l'avantage du Public* &c., & dans le Joural de Londres du Samedi 27. de Juillet V. S. on lit une Lettre passionnée & injurieuse contre le même Livre, & contre son Auteur. Les diverses & fausses accusations que renferment ces deux Pièces, m'obligent à défendre mon Livre. Je sai qu'en le composant, je n'ai pas eu le moindre mauvais dessein, ainsi je suis peu touché de ces plaintes : mais comme elles ont été faites publiquement, & qu'elles ont été insérées dans les Papiers Publics, il n'étoit pas juste que ma Défense fût moins publique.

J'adresse ce petit Ecrit à toutes les Personnes qui ont de la droiture, de la candeur, & du bon-sens : tout ce que j'exige de mes Lecteurs, c'est de la patience & de l'attention.

Il y a dans la Lettre dont je me plains, plusieurs choses qui regardant d'autres Personnes, sont absolument étrangères

au sujet : je les passe sous silence. Le prémier Passage qui me regarde, est celui qui a été tiré de la conclusion de mon Ouvrage, où il se trouve en ces termes.
„ A présent je me flatte d'avoir démon-
„ tré, que ni les Qualités qui forment les
„ liaisons d'Amitié, ni les Affections na-
„ turelles à l'Homme, ni les VERTUS réel-
„ les qu'il est capable d'acquérir par la
„ Raison, ni le Renoncement à soi-même,
„ ne sont point le fondement de la So-
„ ciété. C'est ce que nous appellons MAL
„ dans le Monde, soit Moral, soit Phy-
„ sique, qui est le grand principe pour
„ nous rendre des Créatures Sociables.
„ C'est cela seul qui est la solide base, la
„ vie & le soutien de tous les Métiers,
„ de tous les Commerces, & de toutes
„ les Occupations des Hommes sans ex-
„ ception. C'est-là que nous devons cher-
„ cher la véritable origine de tous les Arts,
„ & de toutes les Sciences; ensorte que si
„ le Mal cessoit, la Société seroit par-là
„ même troublée, si même elle n'étoit
„ pas renversée de fond en comble".

Ces paroles, je l'avoue, sont dans mon Livre, & je les soutiens également innocentes & vraies. Disons-le cependant librement, afin d'éviter toute sinistre interprétation à l'avenir. Si j'avois eu dessein d'écrire pour les Esprits médiocres, je me serois bien gardé de choisir le sujet que j'ai traité. Ou si je m'y étois hazardé, j'aurois eu soin d'amplifier & d'éclaircir

cha-

chaque période, j'aurois traité mon sujet en y emploïant les distinctions en usage parmi nos Docteurs, jamais on ne m'auroit vu sans la règle & l'équerre. Dans l'endroit critiqué, par exemple, je l'aurois éclairci en emploïant une page ou deux à définir le terme de MAL. J'aurois montré ensuite que tout DÉFAUT & tout BESOIN étoit un MAL: que tous les services que les Individus de la Société se rendent les uns aux autres, sont fondés sur le grand nombre de BESOINS des Hommes; & que par conséquent plus leurs BESOINS étoient nombreux, plus aussi les Individus trouvoient leur intérêt à travailler pour les autres, à s'unir ensemble, & à composer un seul Corps. Y a-t-il un Commerce, ou un seul Métier, qui ne soit destiné à suppléer à quelque besoin? Ce BESOIN, avant qu'on y eût suppléé, étoit assurément un MAL, sans lequel on n'auroit jamais pensé ni au Commerce, ni à l'Art qui y a rémédié. Quel Art ou quelle Science n'a pas été inventée pour corriger quelque manquement? Si l'Homme avoit tout possédé, on n'auroit eu besoin d'emploïer, ni Art, ni Science pour lui fournir quelque chose. Aussi ai-je dit. ,, L'excellence de la con-
,, ception humaine, & l'invention, ne sont
,, nul-

Voïez les *Recherches sur la Nature de la Société* pag. 212.

,, nulle part plus visibles, que dans la
,, variété des outils & des instrumens des
,, Ouvriers & Artistes, ainsi que dans la
,, multiplicité des machines, qui toutes
,, ont été inventées pour subvenir à la
,, foiblesse de l'Homme, pour corriger
,, ses nombreuses imperfections, pour ré-
,, médier à sa paresse, ou pour prévenir
,, son impatience". Divers passages qui
précèdent, parlent dans le même stile.
Mais cela a-t-il plus de rapport avec la Religion ou l'Incrédulité, qu'avec la Navigation ou la Paix du Nord?

Les mains qui sont occupées à suppléer à nos besoins purement naturels, tels que sont la faim, la soif & la nudité, sont en très-petit nombre, en comparaison du grand nombre qui travaillent fidèlement à satisfaire à la dépravation de notre nature corrompue. Je veux parler des Ouvriers industrieux, qui gagnant leur vie par un travail honnête, fournissent à l'Homme vain ou voluptueux tous les moïens qui peuvent le faire vivre à son aise & dans le luxe. ,, Le Vulgaire peu
" pénétrant, incapable d'appercevoir l'en-
" chaînure des Causes & des Effets, ne
" peut que rarement remonter au-delà
" d'un chaînon. Mais ceux qui avec plus
" de sagacité veulent se donner la peine
" d'étendre leur vues, & la fixer sur la
" suite & la liaison des évènemens, peu-
" vent voir le BIEN sortir en cent endroits
,, du

" du MAL, tout comme les Poulets fortent
" des Oeufs.

On trouvera ces paroles dans la remarque que j'ai faite fur le Paradoxe qu'on trouve dans la FABLE DE LA RUCHE MURMURANTE. ,, Les plus Scélérats faifoient ,, quelque chofe pour le Bien Com- ,, mun" *.

C'eft dans cet Article que l'on peut lire une grande quantité d'exemples des voies impénétrables que la Providence fuit pour confoler & pour foulager les Perfonnes laborieufes. On y prouve que l'Oppreffé eft délivré des maux dont il eft afliégé par les vices des Hommes vains & voluptueux, & par les crimes des plus grands Scélérats.

Les Perfonnes qui ont de la candeur & du bon-fens, s'apperçoivent fans peine que le Paffage qu'on critique ne dit autre chofe, finon que ,, l'Homme a un ,, nombre infini de befoins, & que c'eft ,, de ces befoins réels uniquement que ,, naiffent tous les Métiers & les Arts. Si quelqu'un y voit autre chofe, je l'avertis qu'il eft abfurde de fe mêler de lire des Livres qui font au-deffus de fa fphère.

Dans la FABLE DES ABEILLES je m'étois propofé d'amufer pendant quelques heures de loifir les Perfonnes d'efprit qui auroient

* Tom. I. Rem. (G) pag. 85.

roient des connoissances. Je voulois qu'elles lussent cet Ouvrage lorsqu'elles n'auroient rien de meilleur à faire. C'est d'ailleurs un Livre dont la Morale est également sévère & sublime. J'y donne une épreuve difficile de la Vertu. En indiquant un grand nombre d'actions très-criminelles qui passent dans le Monde pour très-bonnes, je distingue la Vertu d'avec ce qui n'en a que l'apparence, & je fournis une excellente pierre de touche pour faire une distinction si utile. On y décrit la nature & les symptômes des Passions Humaines, & on y expose leur force & leurs déguisemens. L'amour-propre y est suivi pas à pas jusques dans ses plus ténébreuses retraites. J'ôse dire qu'il n'y a aucun Systême de Morale qui soit aussi exact que le mien, sur cet important Article.

Cet Ouvrage, il est vrai, n'est qu'une Rapsodie qui n'a ni ordre ni méthode; mais il n'y a absolument rien qui ressente le moins du monde l'aigreur ou la pédanterie. Le stile est fort inégal; quelquefois fort haut & fort éloquent; il tombe d'autres fois dans le bas, le rampant, & même dans le trivial. Cependant je suis satisfait de mon Livre; puisque tel qu'il est, il a diverti des Personnes également vertueuses & spirituelles, & qu'il ne peut manquer de produire cet effet sur toutes celles qui leur ressembleront par de si beaux côtés. Les accusations

tions affreuses qu'on a faites contre la FABLE DES ABEILLES, m'autorisent à lui donner plus de louanges que je ne ferois dans toute autre circonstance.

Les éloges qu'on m'accuse d'avoir donné aux Lieux de débauche, ne sont dans aucun endroit de mon Livre. Une Dissertation Politique sur la méthode qu'on doit suivre pour mettre à couvert les Femmes d'honneur, des attaques des Débauchés, dont les passions sont quelquefois indomptables, aura sans-doute donné occasion à ces plaintes. Comme il s'agissoit dans cet endroit d'un Dilemme entre deux *Maux* qu'on ne sauroit éviter tous deux, j'en ai parlé avec les plus grandes précautions. Je débute même par ces termes *, qui marquent si bien mes intentions : „ Fort éloigné d'encourager „ le Vice, je crois que ce seroit un bon- „ heur inexprimable pour un Etat, si on „ en pouvoit totalement bannir l'Impure- „ té ; mais je crains fort que la chose „ ne soit impossible.

J'établis mon Systême sur cette matière, & parlant par occasion des *Musicos d'Amsterdam*, j'en donne une courte relation, qui ne sauroit être ni plus modeste ni plus innocente. Que dis-je ! il n'est point de Juge impartial qui n'avoue que la manière dont j'en parle, est très-propre à inspirer aux plus grands Débauches, de l'aversion

* Tom. I, Rem, (H) pag. 92.

sion & du dégoût pour ces infames Lieux.

Je suis fâché que les Grands-Jurés aient soupçonné que j'aïe eu dessein de *corrompre la Nation*. Mais qu'ils considèrent en prémier lieu, que je n'ai laissé échapper dans tout cet Article aucune phrase, aucune expression, aucun terme qui puisse choquer les oreilles les plus chastes, ou salir l'imagination la plus corrompue.

Tout cet Article est directement adressé aux Magistrats & aux Politiques, ou du-moins à la partie du Genre Humain la plus grave & la plus sensée. Or ce n'est pas des Personnes de ce rang & de cette espèce, que des lectures obscènes peuvent jetter dans la débauche. On ne peut craindre ce mauvais effet qu'à l'égard des obscénités grossières, & accommodées au goût & au génie de la Multitude inconsidérée, & de la Jeunesse de l'un & de l'autre sexe qui n'a aucune expérience.

Or n'est-il pas évident que jamais cet Ouvrage ne fut destiné à être entre les mains de ces deux ordres de Gens? Le commencement de ce qui est écrit en prose est purement Philosophique, & à peine est-il intelligible pour des Personnes qui ne sont pas accoutumées aux matières de Spéculation. Le titre qui se lit au-dessus de chaque page, est si éloigné d'être spécieux & éblouïssant, qu'il faut lire tout le Livre pour savoir ce qu'il signifie.

Ajou-

FABLE DES ABEILLES. 257

Ajoutez à cela que l'Ouvrage se vend cinq schellins.

Concluons que s'il contient quelque Doctrine dangereuse, je n'ai point cherché à la répandre parmi le Vulgaire. Bien loin d'avoir tâché de lui plaire & de le prévenir, je n'ai cessé de lui dire *Apage vulgus.* „ Mais je ne m'embarrasse point
„ si je trouve des contredisans. Je suis
„ même dans la pensée, que rien ne seroit
„ plus propre à démontrer la fausseté de
„ mes principes, que de les voir reçus par
„ le plus grand nombre; malheur qui ne sau-
„ roit m'arriver. Je n'écris point pour la
„ Multitude, & je ne me ménage point de
„ Protecteurs parmi les Chefs. Je m'adres-
„ se uniquement à ce petit nombre de
„ Gens choisis qui savent réfléchir, & s'é-
„ lever au-dessus du Vulgaire." *

On ne sauroit m'accuser sans injustice, d'avoir voulu faire un mauvais usage de mes lumières. Il est clair au contraire que toujours j'ai eu une si grande attention pour le Public, que toutes les fois que j'ai avancé quelques sentimens extraordinaires, je n'ai jamais manqué de prendre toutes les précautions imaginables pour empêcher qu'ils ne fussent nuisibles aux Esprits foibles qui pourroient par hazard lire mon Livre. J'ai reconnu, il est vrai, que j'étois dans l'idée, „ qu'il étoit impos-
„ sible qu'aucune Société s'enrichît & se
„ con-

* Tom. I. Rem. (T) pag. 300.

,, conservât pendant un tems considérable
,, dans cet état florissant, sans les Vices
,, des Hommes. " Mais ce n'a été qu'après avoir assuré, que je n'avois ni avancé, ni cru que l'on ne pût tout aussi bien être vertueux dans un Roïaume riche & puissant, que dans la plus pauvre de toutes les Républiques * : précaution qu'un Ecrivain moins scrupuleux que moi auroit sans-doute cru superflue, après surtout qu'il se seroit déjà expliqué à la tête même de l'article, où l'on trouve ces paroles. " Je pose pour prémier principe,
,, qu'il est du devoir de tous les Individus
,, des Sociétés, grandes ou petites, d'ê-
,, tre Gens de bien. La Vertu doit y ê-
,, tre constamment encouragée, & le Vi-
,, ce défendu. Il est à propos que les Loix
,, soient exécutées dans toute leur ri-
,, gueur, & que tous les Transgresseurs
,, soient punis. †

On ne sauroit trouver dans tout mon Livre, de phrase qui contredise cette Doctrine. " Quoique j'aïe indiqué la route
,, qui conduisoit à la Grandeur Mondai-
,, ne, dis-je dans un autre endroit **,
,, j'ai toujours donné sans hésiter la pré-
,, férence à la route qui mène à la Ver-
,, tu. " Et je défie mes Ennemis de prouver le contraire.

Jamais personne ne prit plus de peine
que

* Tom. I. Rem. (T) pag. 298. &c. † Ibid. pag. 297. ** Ibid. pag. 301.

que moi pour être bien compris. Qu'on se rappelle ce que je dis Tom. I. Pag. 300. „ Quand je dis que les Sociétés ne peu-
„ vent pas être tout à la fois exemptes
„ de vices & riches, ordonnai-je aux
„ Hommes d'être vicieux ? Non sans-dou-
„ te. Tout comme je n'ordonne pas qu'on
„ soit avare & querelleux, lorsque je sou-
„ tiens que les Gens de Loix ne seroient
„ pas si nombreux & si à leur aise, s'il n'y
„ avoit pas beaucoup de Personnes trop
„ intéressées & portées à la chicane."

On trouvera une précaution toute semblable dans la Préface, au sujet d'un Mal réel & sensible, qui est inséparable de la prospérité de *Londres*. A-t-on de mauvais desseins dès-qu'on fait des recherches sur les causes & sur les principes des choses ? Peut-on pour cela être accusé de chercher à faire du mal ? Un Médecin peut écrire sur les Poisons, sans cesser d'être un excellent Médecin. Je dis dans un endroit † " que personne n'a besoin de se mettre
„ en garde contre la félicité, mais que
„ les calamités exigent des mains pour
„ les éloigner." Et plus bas j'ajoute „ que
„ les excès du Chaud & du Foid, l'in-
„ constance & la rigueur des Saisons, la
„ violence & les changemens subits des
„ Vents, la grande force des Eaux qui
„ se débordent lorsqu'on s'y attend le
„ moins,

† Voïez les RECHERCHES SUR LA NATURE DE LA SOCIETÉ, g. 210.

» moins, la rage & la fureur indomptable
» du Feu, l'ingratitude & la stérilité de
» la Terre, sont la Mère de l'Invention.
» Les incommodités que ces défauts
» nous causent, nous ont fait trouver des
» expédiens pour éviter les maux que ces
» objets peuvent causer, pour corriger
» leur malignité, & pour tourner leurs
» diverses propriétés à notre propre a-
» vantage, par mille moïens différens. »

Je ne vois pas comment un Auteur qui fait des recherches sur les occupations de la Multitude, n'oseroit pas dire tout cela, & beaucoup d'autres choses semblables, sans que pour cela on doive l'accuser d'avilir & de diminuer les bienfaits que nous tenons de la Bonté Suprême. Lors surtout que cet Ecrivain démontre en même tems que cette Terre ne pourroit entretenir des Créatures telles que nous sommes, s'il n'y tomboit de la pluie, ou que le Soleil n'y envoïât pas ses fertiles raïons. C'est un sujet étranger, je le veux ; & je ne ferai jamais d'affaire à qui que ce soit, parce qu'il m'aura dit que j'aurois très-bien pu n'en point parler. Cependant, j'ai toujours été dans l'idée que cet Ecrit pourroit faire plaisir à certaines Personnes, qui aïant quelque goût en tireroient quelque parti.

Je n'ai jamais pu dompter ma vanité comme j'aurois pu le souhaiter, & je suis assez orgueilleux pour commettre des crimes. Mais pour ce qui est de mon Livre,

& du but dans lequel je l'ai compofé, je protefte dans la fincérité de mon cœur, que rien n'eft plus vrai que ce que j'ai dit à ce fujet dans la Préface.

„ Si l'on me demande le *cui bono* de
„ tout cela ? quel bien, & quel avan-
„ tage on retirera de toutes ces notions ?
„ je répondrai ingénûment que je n'en
„ fai rien, fi ce n'eft peut-être qu'elles
„ ferviront à la recréation du Lecteur.
„ Mais fi l'on me demandoit quel effet
„ mon Livre devroit réellement produi-
„ re ? je répondrois que ces idées peu-
„ vent naturellement produire quelques
„ réflexions.

„ Prémièrement, ceux qui trouvent tou-
„ jours des vices dans les autres Hommes,
„ aprendront, en lifant cette Pièce, à
„ jetter les yeux fur eux-mêmes, à exa-
„ miner leur confcience, & à rougir de
„ ce qu'ils blâment toujours les chofes
„ dont ils fe fentent eux-mêmes coupables.
„ En fecond lieu, ceux qui aiment paf-
„ fionnément l'aife & les plaifirs, & qui
„ recherchent avec tant d'empreffement
„ tous les avantages qui accompagnent
„ la grandeur & la profpérité d'un Peu-
„ pie, apprendront à fupporter plus pa-
„ tiemment des défauts auxquels nul Gou-
„ vernement fur la Terre ne peut remé-
„ dier. Ils verront qu'il eft impoffible de
„ jouïr de ces avantages qu'ils recher-
„ chent, fans avoir part aux maux qui
„ les fuivent.

Lorsque la FABLE DES ABEILLES parut pour la prémière fois *, elle ne fut point critiquée. D'où vient un traitement si différent de celui qu'on lui fait aujourd'hui ? Cette dernière Edition renferme quantité de précautions, dont les prémières manquoient. Je crois que l'on doit attribuer une reception si différente, à L'ESSAI SUR LA CHARITE' & sur les ECOLES DE CHARITE' que j'ai ajouté à cet Ouvrage.

J'avoue que je suis dans l'idée que les occupations les plus pénibles & les plus viles étant le lot & la portion du Pauvre, il n'eſt pas de la bonne politique de détourner les Enfans du travail juſqu'à l'âge de quatorze ou quinze ans. Accoutumés si long-tems à une vie tranquile, comment veut-on qu'ils prennent goût à une vie laborieuſe ? On trouvera dans cette Pièce, à laquelle je renvoie tout Lecteur impartial & judicieux, pluſieurs raiſons de l'opinion que j'ai avancée. Cette lecture servira auſſi à détromper ceux qui sur la foi de mes Ennemis, croient que j'y ai avancé de monſtrueuſes impiétés.

Peut-on m'accuſer d'avoir été le Défenſeur du Libertinage & de la Corruption des Bonnes Mœurs, & l'Antagoniſte des *Inſtructions Chrétiennes* qu'on travaille à donner à *la Jeuneſſe*, lorſqu'on verra que j'ai employé plus de dix pages de suite pour établir la néceſſité de l'Education ?

Et

* Ce fut en 1714.

Et plus bas †, parlant des Instructions que les Enfans des Pauvres peuvent recevoir dans les Eglises, je dis qu'il ne devroit y avoir qui que ce soit qui s'absentât le Dimanche du Temple, ou de quelqu'un des Endroits où se célèbre le Culte. Je n'excepte de cette obligation, que les Personnes qui ne peuvent marcher. On trouve même ces paroles si remarquables. " Le
„ Jour du Dimanche a été plus particu-
„ lièrement consacré entre les sept qui
„ composent la Semaine, pour être em-
„ ploïé au Service Divin & aux Exerci-
„ ces Religieux, & pour se reposer de
„ tout travail corporel. Tous les Magis-
„ trats sont indispensablement obligés de
„ donner une attention particulière à la
„ manière dont il est sanctifié. Il faut
„ surtout obliger les Pauvres, & leurs
„ Enfans, à aller à l'Eglise le matin &
„ le soir; puisqu'ils n'ont pas d'autre tems
„ pour vaquer à ces sacrés devoirs. Dès
„ leur enfance on doit les y encourager,
„ & par des exhortations, & par des
„ exemples. Il sera nécessaire de leur fai-
„ re envisager la négligence volontaire
„ des Exercices Religieux, comme scan-
„ daleuse. Si cependant la contrainte que
„ je propose paroissoit trop violente &
„ impraticable, il faudra tout au moins
„ pour ces jours-là, interdire sous de ri-
„ gou-

† ESSAI SUR LES ECOLES DE CHARITÉ. Pag. 113. &c.

„ goureuses peines tous les divertisse-
„ mens, & empêcher que les Pauvres
„ n'aillent prendre dehors des plaisirs
„ qui pourroient les séduire, & les détour-
„ ner de la pratique du devoir que je re-
„ commande."

Qu'on examine si les argumens dont je me suis servi ne sont pas convainquans, je ne cherche qu'à m'éclairer. Qu'on me montre seulement par de bonnes raisons que je me suis trompé, & je suis prêt à changer d'avis. Mais qu'on m'épargne les titres injurieux. La Calomnie est la plus courte voie de réfuter un Adversaire, lors surtout qu'on est attaqué par quelque endroit sensible; mais ce n'est pas la voie la plus lumineuse. On amasse de grosses sommes pour fonder & entretenir ces Ecoles de Charité, aussi connoissois-je trop bien le cœur humain pour ignorer que ceux qui partagent entr'eux cet argent, ne souffriroient point patiemment que je leur expliquasse mes idées avec franchise. J'ai prévu tout le fruit que je tirerois de ma liberté, comme on peut le voir dans la Pièce même. Là, après avoir rapporté les lieux communs mis en usage par les Protecteurs des Ecoles de Charité, j'avertis mes Lecteurs qu'il suffit qu'on dise la moindre chose contre ces Etablisse-mens, pour être d'une commune voix traité d'Homme peu charitable, dur & inhumain. Déjà alors je savois qu'on le trai-
teroit

teroit de méchant, de profane & d'impudent athée.

C'est pour cela que je n'ai pas été beaucoup surpris de me voir prodiguer les épithètes d'*Auteur impie* & de *Libertin*, dans la Lettre extraordinaire adressée à MILORD C. Je m'étois presque attendu à voir la *publication de mon Système traitée de crime choquant, énorme, étonnant & affreux, qui doit attirer sur son Auteur, & sur ceux qui ne le persécuteront pas, la vengeance céleste.* Déjà j'avois conjecturé que je passerois pour un Homme qui se propose ouvertement *d'extirper la Vertu, d'encourager le Vice, & de renverser les principaux Articles de la Foi Chrétienne.* Je n'en attendois pas moins des Ennemis de la Vérité & de l'Honnêteté. Le fiel dont l'Auteur de la Lettre est rempli, ne m'engagera point à lui rendre injure pour injure. Il a beau faire ses efforts pour m'exposer à la fureur publique, je veux le plaindre, & être assez charitable pour croire qu'il a été trompé par les rapports. Car jamais Homme de bon-sens ne se persuadera qu'il eût pu écrire comme il a fait, s'il avoit lu seulement le quart de mon Livre.

Je suis fâché que ces mots, *les Vices des Particuliers tendent à l'Avantage de Public*, aïent pu choquer quelque Personne bien intentionnée. Il suffit de bien entendre ces paroles, pour admettre la proposition

tion qu'elles renferment. Qui pourra surtout douter qu'elles n'ont été proposées dans aucune mauvaise intention, si l'on se donne la peine de lire le dernier Paragraphe, où prenant congé du Lecteur je parle de cette manière. " Je conclus cet
„ Ouvrage en répétant le Paradoxe qui
„ est la substance de ce qui est avancé
„ dans le Titre, que les Vices des Parti-
„ culiers ménagés avec dextérité par
„ d'habiles Politiques, peuvent être tour-
„ nés à l'Avantage du Public. †

Ce sont-là les dernières paroles de l'Ouvrage que je défens, elles en font même une partie inséparable.

Mais pour ne plus parler de ma justification, je déclare solemnellement, que si dans tout l'Ouvrage intitulé, LA FABLE DES ABEILLES, qui a été dénoncé par les GRANDS-JURE'S de MIDDLESEX au BANC DU ROI, on trouve le moindre trait de Blasphême, de Profanation, ou la moindre chose qui tende à la Corruption des Mœurs, je serai charmé que ces paroles profanes soient rendues publiques. Je proteste de plus que si, éloignant toute invective & toute réflexion personnelle, on ne cherche pas à exciter la Populace contre moi, articles sur lesquels je ne répondrai jamais, non seulement je me dédirai, mais encore

---

† Voïez les RECHERCHES SUR LA NATURE DE LA SOCIETE', Pag. 216.

re je demanderai pardon de la manière la plus solemnelle au Public que j'aurai scandalisé ; & si l'on trouvoit que la réparation ne fût pas assez autentique en faisant bruler mon Livre par le Bourreau, je m'engage à le jetter moi-même au feu. Mes Adversaires n'auront qu'à indiquer le tems & le lieu.

L'AUTEUR DE LA FABLE DES ABEILLES.

FIN.

www.ingramcontent.com/pod-product-compliance
Lightning Source LLC
Chambersburg PA
CBHW050332170426
43200CB00009BA/1563